Divlji dlanovi

Voljeti tvoje [illegible], sve drugo tako je teško
dugo je vrijeme zakona: dani su se počeli gristi:
građani u agitaciji, svjedočica ulazi,
otpor novi [illegible], jedni jedina živa zora, dolje
u [illegible] četvrti: što još primjećujem?
pjesme postaju krede.
i tvoje oči ulaze u njih kao na stadione
noseći signalne baklje, u otvorenima
vrebaju divlji dlanovi. čekaju svoj čas, ovce
kao Slaveni u trenerkama ispred supermarketa
dok sjever priprema osvetu, dok jednom isključena
srebrni šalteri. nečiji život, prostora pritisak kao i
konačno, što sasvim [illegible]? [illegible], aorist glagola,
[illegible] [illegible]. [illegible] [illegible].

»Expeditionen in ein absolutes und radikales Neuland der Metaphern. Eine glühend-obsessive Neuvermessung aller Welt-, Kultur- und Alltagsdinge reißt uns mit: Pathos und Groteske, strömende Kontingenz, schwarze Sirenentöne«, schrieb Andreas Nentwich im Börsenblatt des Deutschen Buchhandels über Marko Pogačars Gedichte.
In »Glossen gegen Gott« ist diese Umordnung des Vertrauten einem Jahreskreis eingeschrieben, in den Szenen einer erkaltenden Beziehung eingestreut sind: »zu lieben, das ist das Leichteste, alles andere ist so schwer«. Doch auch wenn andere Stimmen, wie der Sammler der Sonntage, ein Handbuch für Viehzucht und Sport, Orangen oder ein anarchistisches Feuerzeug zu Wort kommen, dreht sich alles um den glühenden Moment und die stete Veränderung. Dazwischen taucht immer wieder das Motiv der Wunde auf – eine obsessive Suche nach der je eigenen Wunde, sowohl bei sich als auch bei anderen, einer Wunde, die man niemandem abschauen kann, »das offene Fenster, durch das die Welt hineintritt«.
Pogačar bezaubert mit einem Feuerwerk an feinsinnigen Beobachtungen aus unerwarteten Perspektiven.

Marko Pogačar, geb. 1984 in Split, studierte Geschichte und Vergleichende Literaturwissenschaft in Zagreb. Er veröffentlichte bisher fünfzehn Bücher mit Gedichten, Prosa und Essays. In der Edition Korrespondenzen erschienen die Gedichtbände »An die verlorenen Hälften« (2010) und »Schwarzes Land« (2015).

Marko Pogačar

GLOSSEN GEGEN GOTT

Gedichte

Aus dem Kroatischen von Alida Bremer

Edition Korrespondenzen

SINTAKSA

Tako smo se do noći tovili suncem i nadlanicama.
bili smo lijek protiv virusa smrti,
ustajali smo i odlazili na tržnicu
pržili jaja sa slaninom,
vrijeme smo vezivali u sitne čvorove
ne bi li ga na koncu, kad se jednom sve razriješi,
imali više, ne bi li u njemu uživali kao svećenik u dječaku,
šuma u početku kiše.
bili smo sisavci predani svojem instinktu,
kao jedini zakon uspostavili smo pravopis,
zaboravljajući da se voli bez točke, uvijek u nizu zareza.
laktova crnih od olova osluškivali smo
kako stvari koje već postoje odaju svoje ime,
a stvari koje će doći drhte pod južnom kožom:
živi su bili hladni i daleki, jaja su cvrčala, novine šuštale
mrtvi su bili blizu.

DIE SYNTAX

Bis zum Anbruch der Nacht mästeten wir uns mit Sonne und mit Handrücken.
wir waren Heilmittel gegen das Virus des Todes,
wir standen auf und gingen zum Markt,
brieten Eier mit Speck,
banden die Zeit zu winzigen Knoten,
um am Ende, wenn alles aufgelöst wäre,
mehr davon zu haben, damit wir sie genießen könnten wie der Pfarrer den Knaben,
wie der Wald die ersten Regentropfen.
wir waren Säugetiere, ergeben dem eigenen Instinkt,
als einziges Gesetz ließen wir die Rechtschreibung gelten,
wobei wir vergaßen, dass man ohne Punkt liebt, immer in einer Reihe von Kommata.
mit Ellenbogen, schwarz von Druckerschwärze, lauschten wir,
wie die Dinge, die bereits existierten, ihre Namen verrieten
und die Dinge, die erst kommen würden, unter der südlichen Haut zitterten:
die Lebenden waren kalt und fern, die Eier brutzelten, die Zeitung raschelte,
die Toten waren nah.

SAKUPLJAČ NEDJELJA

Beskrajnu nedjelju nosio sam na srcu,
kao skrivenu manu.
sa svakim otkucajem vrijeme je dozrijevalo u pjesmu:
jesen se kutrila u svakom uglu, gurala ruke u džepove,
kestene u tuljce od starog tiska. pobjeđivala je prevara lišća.
kesteni, još uvijek vrući, srljali su ususret gladnom grlu,
novine iščekivale silu jaču od vjetra, jaču od vatre.
čekale su tu ruku što će ih podići, kao da se sva čežnja svijeta
skupila u samo tri od svih silnih uz stare novine vezanih stvari:
novine zgužvati i nagurati u cipele dok noge nema,
novine presaviti u kape i poslati ih nepoznatome ličiocu.
jednu od kapa, moguće najveću, prenamijeniti potom u brod
što će ga neko nestvarno dijete niz potok pustiti u zemlju
gdje bog nije beskrajan nego nijem. i nema ničega.
nema ničega osim nedjelja.

SAMMLER VON SONNTAGEN

Ich trug den unendlichen Sonntag in meinem Herzen,
wie einen verborgenen Fehler.
mit jedem Schlag reifte die Zeit zu einem Gedicht:
der Herbst kauerte sich in jede Ecke, schob seine Hände in die Taschen,
stopfte Kastanien in Spitztüten aus alten Druckschriften. der Betrug der Blätter obsiegte.
die Kastanien, immer noch heiß, drängten dem hungrigen Rachen entgegen,
die Zeitungen warteten auf eine Kraft, stärker als Wind, stärker als Feuer.
sie warteten auf die Hand, die sie anheben würde, als hätte sich die Sehnsucht der Welt
gesammelt, in gerade mal dreien von Dingen, die wir mit alten Zeitungen verbinden:
Zeitungen zusammenknüllen und in den Schuh schieben, solange dort kein Fuß ist,
Zeitungen zu Hüten falten und an unbekannte Maler schicken.
dann einen der Hüte, vielleicht den größten, in ein Schiff verwandeln,
das ein unwirkliches Kind auf einem Bach schwimmen und in ein Land fahren lässt,
wo Gott nicht unendlich ist, sondern stumm. und wo es nichts gibt.
wo es nichts gibt, außer Sonntage.

POSLJEDNJI PRAZNICI

Dani su trunuli u kockama kalendara, zaboravljeni
u crvenim i bijelim poljima, i mi smo postepeno odumirali
zaboravljeni u crveno-bijeloj zemlji. moglo je biti
oko kolinja; strukovi magle hvatali su se na niskim granama,
trnje uz put vrebalo džempere prolaznika.
dječak je na špagi vukao mačku, mrmljao
kad nećeš ostati ja ću te kazniti, vezat ću te za radijator
a ti si za sebe rekla: veži. i pitala si zašto
pišeš samo o vremenu, odakle toliko jeseni, što je
uopće u tome važno, vremena je i bez poezije na pretek. napiši
napokon nešto o sebi rekla si, i dječaku dobacila: crkni.
pa evo: Agotu Kristof volim više od Agathe Christie,
draže su mi lirske nego ispovjedne pjesme Anne Sexton,
ne volim hodati ljudima s lijeva, ne paranoji, ne vjerujem u tajne
ako bih ti još nešto rekao morao bih te ubiti.

DIE LETZTEN FERIEN

Die Tage verfaulten in den Quadraten auf dem Kalender, vergessen
in den roten und weißen Feldern, und wir starben allmählich ab,
vergessen im rot-weißen Land. es war um
das Schlachtfest, die Nebelschwaden verfingen sich in den niedrig hängenden Ästen,
die Dornen am Wegesrand lauerten auf die Pullover der Passanten.
ein Junge zog seine Katze an einer Schnur hinter sich her, er murmelte,
wenn du nicht da bleibst, bestrafe ich dich und binde dich an den Heizkörper,
und du hast zu dir selbst gesagt: tu es. und du hast mich gefragt, warum
schreibst du nur über das Wetter, woher die ganzen Herbste, warum ist
das wichtig, es gibt auch ohne Poesie Wetter im Überfluss. schreibe
endlich etwas über dich selbst, hast du gesagt und dem Jungen zugerufen: verrecke.
nun gut: Ágota Kristóf ist mir lieber als Agatha Christie,
lieber als die bekennenden Gedichte von Anne Sexton mag ich die lyrischen,
ich gehe nicht gern links von Menschen, Nein zur Paranoia, ich glaube nicht an Geheimnisse.
wenn ich dir noch mehr sagen würde, müsste ich dich töten.

ČETIRI

Znam mnogo riječi no samo četiri, jedino četiri.
četiri dobre riječi.

ne kažem: ruža
ne kažem kajanje žuži užas,
ne kažem
bože.

samo dobra i dobra i dobra i dobra riječ
živi & zviždуče.

dobra riječ jednostavna i čvrsta,
koja odjekne noću, odzvoni u praznoj sobi
koja žari kao država koja sažima kao pepeo koja sažiže
kao kada se više nema što reći.

VIER

Viele Wörter kenne ich, aber gerade mal vier, nur vier.
vier gute Wörter.

ich sage nicht: Rose
ich sage nicht Reue Röcheln Grauen
ich sage nicht
Gott.

nur ein gutes und gutes und gutes und gutes Wort
lebt & pfeift vor sich hin.

das gute Wort ist einfach und fest,
wenn es nachts erschallt, hallt es im leeren Zimmer wider
es glüht wie der Staat, verklumpt zu Ruß, es rostet,
wie wenn man nichts mehr zu sagen weiß.

STUPICA

Slijedio sam ga satima. bio je utorak, uzmicali su
oblaci, rana je bridjela pod kožom, jasna,
crv sumnje nije još bio ujeo njegovo tijesno srce.
disao sam mu za vratom. promatrao kako kupuje sendviče,
kako se osvrće; uvijek sve čisto, uvijek za petama, nečujno, sve
ne bih li se prikrao njegovoj rani, i ranu ukrao.
rana je radost. rt tijela isturen u mekoj smrti. rana-lutrija, loto,
razglednica iz puti, šaputao sam dok je sunce podizalo zid zore
između nevremena i rane, koja je kucala.
slijedio sam ga satima, a zatim sam ga izgubio. bez njega ljubav
pobijeli. bez njega nema ničega. riječ je krenula i kljuvala i
uzletjela a ja sam čuo samo vrisak vrane u rani, nevjerojatno
polagano otvaranje njezinih cvjetova. tražio sam ga do prvih snjegova.
položio sam kožu pod noževe, čelo na tračnice,
polizao sam kost i ugalj i jednu ledenu ogradu ne bi li jezik
rodio vlastitu ranu, da bih odustao. znao sam tko ranu rani,
taj je bijeli princ prostora. znao sam tko rano rani, rana je samo njegova.

DIE FALLE

Ich folgte ihm stundenlang. es war Dienstag, die Wolken
wichen aus, die Wunde brannte unter der Haut, deutlich,
des Zweifels Wurm hatte ihm noch nicht ins enge Herz gebissen.
ich atmete ihm in den Nacken. beobachtete, wie er Sandwiches kaufte,
wie er sich umschaute; die Luft immer rein, immer dicht auf seinen Fersen, geräuschlos, nur
um mich an seine Wunde heranzuschleichen und um die Wunde zu stehlen.
eine Wunde ist eine Freude. Landzunge des Körpers im weichen Tod. ein Wunde-Volltreffer, Lotto,
Postkarte aus der Fleischlust, ich flüsterte, während die Sonne eine Morgenmauer
errichtete zwischen dem Unwetter und der Wunde, die pulsierte.
ich folgte ihm stundenlang, aber dann verlor ich ihn. ohne ihn verblasst
die Liebe. ohne ihn gibt es nichts. das Wort legte los und hackte und flog auf
und ich hörte den Krähenschrei in der Wunde, das unglaublich langsame
Öffnen ihrer Blüten. ich suchte nach ihm, bis der erste Schnee fiel.
ich legte die Haut unter die Messer, die Stirn auf die Schienen,
ich leckte den Knochen ab und die Kohle und einen vereisten Zaun, in der Hoffnung,
die Zunge werde ihre eigene Wunde gebären, dann gab ich auf. ich wusste,
wer sich über die Wunde wundert, der ist der weiße Prinz des Raums. ich wusste,
nur dem, der Gold im Munde trägt, gehört auch die Wunde in der Morgenstund.

SREĆA U VELIKOM GRADU

Kao kada bi svijet bio damski dalekozor prislonjen
strogom oku pekarice, okrenut obrnuto.

u dvije sitne snježne kugle u daljini
sipi slijepi stiropor sjećanja.
sve je pitanje teze. sve je pitanje očišta.
kikiriki i koštice, snažni u ložama,
liberali-maoisti, ljudi gušteri, paštete
od jetre bauštelaca othranjenih na mirogojčeku i pašteti.

Badel u zoru, za ručak, Badel za večeru
brod u boci od Badela, i šteta odjednom počinjena:
mesni lobi zaprima prvorazrednu robu, formalinski
bazeni medicinskih ustanova zjape potišteni i prazni,
slični posudama u sladoledarskoj vitrini zimi,
kad iz njih netragom nestanu, iščile lješnjak i plavo nebo,
i korneti *kojima Šiptari čačkaju uši* završe
na prašnim cestama, prerušeni u čunjeve.

šine se uspnu uz kičmu, pragovi stvrdnu u rebra.
i mi zaogrnuti kožom asfalta slušamo
kako se niz koske slijevaju kiše, jedan za drugim pište jutarnji vlakovi
i pokretne stepenice, kad im se primakneš, uzdrhte –
puls im poskoči i one te nježno polože, kao vučica-majka, u grotlo.
ako postoji snijeg, to je jedino ovdje.

jer što bi to bilo bijelo bez svojeg naličja, *versa* u koje se svjetlo
s prvim korakom pretvori? ovdje se pišu pjesme.
kolje se po toplim kućama. zdjele u vitrinama rake su
iskopane od strane onih što će se u njih složiti

DAS GLÜCK IN DER GROSSEN STADT

Wie wenn die Welt ein Damenfernglas wäre, angelehnt
an das strenge Auge der Bäckersfrau, verkehrt herum gedreht.

in zwei winzigen Schneekugeln in der Ferne
rieselt das blinde Styropor der Erinnerung.
alles ist eine Frage der These. alles ist eine Frage der Sicht.
Popcorn und Nachos, stark in den Logen,
Liberale-Maoisten, Reptilienmenschen, Leberwurst
aus den Lebern der Bauarbeiter, durchgefüttert mit Billigwein und Leberwurst.

Pflaumenbrand am Morgen, zum Mittagessen, Pflaumenbrand zum Abendbrot,
ein Schiff in der Pflaumenbrandflasche, und der Schaden plötzlich zugefügt:
die Fleischerlobby vermerkt erstklassigen Wareneingang, die Formalinwannen
in den medizinischen Einrichtungen klaffen niedergeschlagen und leer,
ganz wie die Behälter in der Auslage einer Eisdiele im Winter,
wenn aus ihnen die Haselnuss und der blaue Himmel spurlos verschwinden
und die Eistüten, *mit welchen die Albaner in ihren Ohren bohren*, auf den Straßen
voller Staub landen, getarnt als Kegel.

die Schienen klettern den Rücken hoch, die Bahnschwellen verhärten sich zu Rippen.
wir hängen uns die Haut des Asphalts um und hören dem Regen zu,
der sich über die Knochen ergießt, einer nach dem anderen pfeifen die Morgenzüge
und die Rolltreppe beginnt zu zittern, wenn man sich ihr nähert –
ihr Puls erhöht sich und sie legt dich behutsam, wie eine Wolfsmutter, in die Schlucht.
wenn es Schnee gibt, dann nur hier.

denn was wäre das Weiß ohne seine Kehrseite, ohne sein *Verso*, in das sich das Licht
mit dem ersten Schritt verwandelt? hier schreibt man Gedichte.
hier schlachtet man in warmen Häusern. die Schüssel in den Vitrinen sind Grüften,
ausgegraben von jenen, die sich in ihnen reihen werden

kao harmonike što ih rastežu Vlasi, s konjskim maskama.
sve raste, šleperi šapuću, i krv kapi niz kranove.

Zato U Ovoj Šumi Svaku Riječ Valja Početi Velikim Slovom;
Samo Zato Da Se To Isto Uskrati bogu. *pažljivo čitaj*
štampano sitnim slovima himna je našeg naroda, moto
koji žigošemo pod mišku. ovdje se kolje po kućama.
pjesme završavaju divlje. u dvije sitne snježne kugle u daljini
nevidljiva ruka tržišta nalijeva vinjak, ne bi li nešto napokon planulo,
i poslije kiše i sjećanja na sve se ponovo spustila prašina.

zatim ustaješ, usijecaš torzo u zaplet večeri, čvrstu prirodu grada,
          izlaziš
da uživaš u svježem mraku.

wie Ziehharmonikas, an denen Wallache mit Pferdemasken zerren.
alles gedeiht, die Sattelschlepper wispern, und das Blut tropft von den Kränen.

Deshalb Soll Man In Diesem Wald Jedes Wort Mit Einem Großbuchstaben Beginnen;
Nur Um gott Genau Das Zu Verweigern. *beachte besonders*
das kleingedruckte, so lautet die Hymne unseres Volkes, das Motto, das man uns
unter die Achsel brennt. hier schlachtet man in den Häusern.
die Lieder enden wild. die unsichtbare Hand des Marktes gießt Weinbrand in die beiden
winzigen Schneekugeln in der Ferne, damit endlich etwas brennt und damit sich
nach dem Regen und nach den Erinnerungen wieder der Staub auf alles legen möge.

danach stehst du auf, verwebst deinen Torso mit dem Abend, mit der festen Natur der Stadt,
          und gehst hinaus,
um die frische Dunkelheit zu genießen.

DUGO DOLAZI SVJETLO

Opet ta prevara proljeća. zora se uspinje sporo,
sopće na stubištu kao susjeda pretila od djetinjstva,
vršnjakinja, koju nikada nisi promatrao kao ženu.
dugo dolazi svjetlo. dani uskraćeni za nadnicu,
mršavi dani na minimalcu svršili su sa svojom smjenom:
pokretna traka kalendara kazuje *proljeće,*
apodiktički, iako je riječ o novom zarezu zime.
kod nas, na sjeveru. sjeveru gdje se pod suncem,
sustižući ga, plamičci plinske peći prepliću s plavim
plamenom štednjaka na kojem ključa kava,
i uz nju lonac s krvavicama, plav s bijelim točkama.
i mi prelazimo tek tako preko izdaje kalendara
dekretom naše unutrašnje partije, usredotočeni
na bazu koja se bliži svom kraju. *krešati after je kao*
krešati karmine, samo otmjenije, šapućeš preko šalice
dok se tanje zalihe ljubavi i kava ispire talog noći
mijenjajući ga svojim vlastitim talogom. razmičem
zatim zavjese, i vidim kako sad zaista na nebu zasjeda zora,
tijesna i nemirna, lijepa kao giljotina u ognju
pobuna ugljena.

DAS LICHT BRAUCHT LANGE

Schon wieder betrügt der Frühling. langsam steigt die Morgendämmerung auf,
schnauft im Treppenhaus wie die seit ihrer Kindheit übergewichtige Nachbarin,
die Gleichaltrige, die du nie als Frau wahrgenommen hast.
das Licht braucht lange. die Tage geprellt um ihren Tageslohn,
die mageren Tage auf Mindestlohn haben ihre Schicht beendet:
das Fließband des Kalenders sagt *Frühling*,
apodiktisch, obwohl es sich um ein neues Komma des Winters handelt.
bei uns, im Norden. im Norden, wo die Flämmchen des Gasofens
die Sonne einholen, unter der sie sich
mit der blauen Flamme des Herdes verweben, auf dem der Kaffee kocht,
und neben ihm der Topf voller Blutwürste, blau mit weißen Punkten.
und wir gehen einfach über den Verrat des Kalenders hinweg,
per Dekret unserer inneren Partei, fokussiert
auf die Basis, die sich ihrem Ende nähert. *eine Afterparty crashen ist wie*
ein Trauermahl crashen, nur vornehmer, flüsterst du über die Tasse,
während die Liebesvorräte ausdünnen und der Kaffee den Satz der Nacht wegspült
und ihn durch seinen eigenen Satz ersetzt. danach ziehe ich die Gardinen auseinander
und sehe, dass jetzt wirklich die Morgendämmerung am Himmel thront,
eng und unruhig, schön wie ein Fallbeil in Flammen
der Aufruhr der Holzkohle.

ISPRIKA JEDNE NARANČE KULI BABILONSKOJ

Gdje si? dugo te nema na ovoj obali, na ovom opasnom moru –
tako si govorim. a mislim tijesnu sjevernu sobu,
ležaj što s teškim tijelom otkucava
tkaninu s uzorkom ruža koje na mene reže iz rubova,
izbijeljenih i oštrih.

no tko govori taj i griješi: govor nije drugo do zbirka pogreški.
muhe pljuju u žarulje, tvoje odsustvo bježi iz fraze. osipa se,
zajedno s prirodom, utiskujući u kožu šuplje stabljike slame.

ti ćeš se složiti: smrt je moguće samo točka na krivom mjestu
lapsus iz srca koštice.
vračare su na TV dnevniku i ustaše u ministarskim foteljama, nema te
pred poštom jedan stafford skamenjen čeka na cumshot
manekenke na mreži šmrču sušene riječi, a naranče,
one s večeri gutaju tamu da ne zanoća: njih se to uopće ne tiče.

ÜBER DAS SCHWACHE WETTER

Wo bist du? es gibt dich seit Langem nicht an diesem Ufer, diesem gefährlichen Meer –
so sage ich zu mir selbst. und ich meine das enge Nordzimmer,
die Liege, die mit dem schweren Körper tickt,
den Stoff mit dem Rosenmuster, die Rosen,
die mich von verblassten, scharfen Säumen anknurren.

doch wer spricht, der irrt auch: nichts als eine Ansammlung von Fehlern ist das Sprechen.
Fliegen spucken in die Glühbirnen, deine Abwesenheit entflieht der Phrase. sie zerstreut sich,
zusammen mit der Natur, und presst hohle Strohhalme in die Haut.

du wirst zustimmen: der Tod ist möglicherweise nur ein Punkt an der falschen Stelle,
ein Lapsus im Herzen des Fruchtkerns.
Wahrsagerinnen sitzen in der Tagesschau und Ustascha in Ministersesseln, du bist nicht da,
ein Stafford wartet versteinert vor der Post auf einen cumshot,
die Models im Netz schnupfen Dörrworte, und die Orangen,
sie schlucken am Abend das Dunkel, damit es nicht Nacht wird: all das geht sie nichts an.

ŠTO JE REKAO UPALJAČ

Ja, sunčev šegrt, sišao sam sa divljeg srca
i ušetao vođen revolucionarnim namjerama
naoružan jasnom idejom i svojim otrovnim jezikom
u vrtić mirne radničke četvrti.

započinjala je nastava vjeronauka.
postrojena pred pločom, jedno drugom do uha, uspravna
kao nebeski tim dok zvoni božanska himna,
djeca su lomila zube na lozinkama.

ja, sunčev šegrt, u jednom sam bio durutist, znao sam
crkva u plamenu je jedina crkva koja osvjetljava.
u meni je odjednom niknulo nešto od mojeg majstora, ona
odlučnost kojom se prepušta poslu,
i riješio sam da im rastopim plombe.

ja, sunčev šegrt, uspeo sam se na jednu prevrnutu kahlicu
i do dugo u noć, sve jače svijetleći, vikao
ustajte, prezreni na igralištu, ustanite
poniženi u pješčaniku.

WAS DAS FEUERZEUG GESAGT HAT

Ich, der Sonnenlehrling, bin vom wilden Herzen herabgestiegen
geleitet von revolutionären Absichten
bewaffnet mit einer klaren Idee und mit meiner giftigen Zunge
spazierte ich in den Kindergarten eines ruhigen Arbeiterviertels.

die Religionsstunde begann.
die Kinder waren vor der Tafel angetreten, wie die Orgelpfeifen, aufrecht
wie die himmlische Mannschaft, während die göttliche Hymne ertönt
und sie brachen sich an den Lösungen ihre Zähne aus.

ich, der Sonnenlehrling, war in einer Hinsicht Duruttist, ich wusste
eine Kirche in Flammen ist die einzige Kirche, die erleuchtet.
plötzlich schlug etwas vom Können meiner Meisterin Funken in mir, jene
Entschlossenheit, mit der sie sich der Arbeit hingibt,
und ich beschloss, ihre Plomben einzuschmelzen.

ich, der Sonnenlehrling, stieg auf ein umgestülptes Töpfchen
und rief lange in die Nacht, wobei ich immer stärker leuchtete
wacht auf, Verdammte dieses Spielplatzes, wache auf
Heer der Erniedrigten im Sandkasten.

METAMORFOZE

Gdje si? osjećao sam tvoju sjenu pod nogama,
danima samo tu sjenu. sjeverno,
po plesnim plohama, pustim osojnim sobama, u tami naranče
svakoj šaci, lončiću, svakom spam folderu ista ta sjena:
baš nigdje ti.

zatim upaljen fenjerom svijeta koračam
kući da to pretočim u kvrgav jezik. međutim jezik
je brz: skreće na raskršćima, pretječe noću;
sjećanje kao sjekira sjedne na šiju i promet je načas zakrčen,
nastupa proces kočenja, a jezik prolazi kao jež.

i kako je lako sada, na karminama tog jezika
jezika odmetnutog i tihog šaptati tvojoj sjeni:
što ako baš tebe volim, a noć je očajna
optički kabeli su presječeni, mobilni operateri u štrajku
i ja ne znam što ću s tom viješću.

METAMORPHOSEN

Wo bist du? ich spürte deinen Schatten unter den Füßen,
tagelang nur diesen Schatten. nördlich,
auf den Tanzflächen, in den öden schattigen Zimmern, im Dunkel der Orange,
in jeder Faust, im Napf, in jedem Spam-Ordner immer derselbe Schatten:
nirgends gibt es dich.

dann schreite ich nach Hause, entzündet an der Laterne der Welt,
um dich in eine knorrige Zunge umzugießen. die Zunge jedoch
ist schnell: sie biegt an Kreuzungen ab, überholt nachts;
die Erinnerung setzt sich wie eine Axt in den Nacken und der Verkehr ist im Nu dicht,
der Bremsprozess wird eingeleitet, und der Zunge ergeht es wie einem Igel.

und wie leicht ist es jetzt, beim Trauermahl zu Ehren dieser Zunge,
dieser abtrünnigen und stillen Zunge, deinem Schatten zuzuflüstern:
was, wenn ich nun gerade dich liebe, die Nacht ist verzweifelt,
das Glasfaserkabel ist durchtrennt, die Mobilnetzbetreiber im Streik,
und ich weiß nicht, was ich mit dieser Nachricht anfangen soll.

FUSNOTA RANI

Promatrajući kako čovjek kojeg sam slijedio
zastaje pred kladionicom u Sesvetskom Kraljevcu i uplaćuje sportsku prognozu
zapazio sam zapuh sjevernog vjetra u krošnji košulje
i načas ugledao njegovu ranu. doimala se dubokom, prost-
ranom, njegovanom na onaj posvećen način svojstven hobistima,
vrtlarima što nježnost mjere rahlošću zemlje. njegova rana doimala se
doista samo njegovom. bilo je u njoj, međutim, istovremeno nešto od općeg;
perivoja koji vuče na šetnju, šepiri se, prepušta pogledu.
time se čovjek kojeg sam slijedio opasno približava lovcu, njegova rana stupici.
u svemu, zacijelo, postoji nešto od one nezgodne ucjene Krista: rana je rupa
u mesu podložena šiljatim kolcima, spremna
na sitnu nesmotrenost, nepažnju duše.

FUSSNOTE ZUR WUNDE

Während ich beobachtete, wie der Mann, dem ich gefolgt war,
am Wettbüro in Sesvetski Kraljevac anhielt und eine Sportwette abschloss,
bemerkte ich in der Baumkrone seines Hemdes von Norden eine Böe
und erblickte für einen Augenblich seine Wunde. sie wirkte tief, wund-
erbar, gepflegt auf jene zugewandte Art, die den Bastlern eigen ist,
den Gärtnern, die Zärtlichkeit am Lockerungsgrad des Bodens messen. seine Wunde wirkte,
als sei sie ganz die seine. allerdings wohnte ihr zugleich etwas Allgemeines
inne; eine Allee, die zum Spaziergang einlädt, die sich stolz den Blicken hingibt.
so kommt der Mann, dem ich gefolgt bin, einem Jäger gefährlich nahe, seine Wunde einer Falle.
in all dem steckt gewiss etwas von jener unschönen Erpressung Christi: die Wunde ist ein Loch
im Fleisch, mit spitzen Pflöcken ausgepolstert, sie ist bereit zu einer winzigen
Unachtsamkeit, zu einer Nachlässigkeit der Seele.

PALJENJE BIBLIOTEKE

Pisao sam hladne pjesme odvojene od svijeta,
udaljene od tebe. književnost je bila ispunjen arhiv,
misao odvojena od mesa. i ti su beskrvni stihovi
nalik naftom punjenim pticama, nakratko gorjeli nad rutinom
svijetleći sablasno poput hladnjaka noću, zavodeći
potrebom da masa preskoči u energiju, energija opet u masu,
da se sve slegne u tihi herbarij.

promatrao sam tebe i svijet kako starite odvojeni od mene,
i pritom se dobro zabavljate. nisam o tome pisao.
nisam vodio bilješke. gotovo bi se moglo reći da sam ustajao
i lijegao, ustajao i lijegao, svih tih godina ustajao i lijegao bez da sam
na papir stavio makar nacrt za kroniku tvojeg izostanka, skicu
života kao pejzaža zimi, mećave s pozadinom. sve to
polako klizi u prošlost. sve se otima poput banditskog psa.

pod kožom, nalik na prišt, pupa paljenje biblioteke.
život se uvlači u suhe stranice. moguće je da rukopisi ne gore
jer je iz njih iščezla posljednja sjena stvarnog:
stanovanje u dvoje, razmjena sitnih nježnosti, čušpajzi,
nedjelje u kupatilima i krađa knjiga, krimića
namijenjenih čitanju u južnim noćima. dolazi vrijeme laži:
mijenjat ću čarape, učit ću jezike, imam ogroman penis, sve to

ne bi li misao stala uz meso, ne bi li stihovi gorjeli umjereno
no stalno. dolazi vrijeme laži: vrata hladnjaka otvaraju se da prospu
svjetlo na miran zajednički život – stan u radničkoj četvrti, pizza iz pećnice,
časopisi umjesto knjiga; sve ne bi li bilo vremena za tu konačnu kroniku,
tebe i svijet pod jednim poplunom. svi su ishodi povijesti isti. svi stihovi
ovise samo o tebi. skakavci grickaju, kotlići pište, novo jutro se uspinje –
gore giljotine.

VOM ANZÜNDEN DER BIBLIOTHEK

Ich verfasste kalte Gedichte, die von der Welt getrennt,
die dir fern waren. Literatur war ein gefülltes Archiv,
der Gedanke getrennt vom Fleisch. und diese blutleeren Verse
brannten kurz über der Routine wie mit Erdöl getränkte Vögel
und leuchteten gespenstisch, wie nachts der Kühlschrank, und verführten durch
das Verlangen, Masse in Energie übergehen zu lassen, Energie wieder in Masse,
bis alles sich in einem stillen Herbarium absetzt.

ich betrachtete dich und die Welt, wie ihr getrennt von mir altert
und dabei Spaß habt. darüber schrieb ich nicht.
ich notierte nichts. man könnte beinahe sagen, dass ich aufstand
und mich hinlegte, dass ich all diese Jahre aufstand und mich hinlegte,
ohne auf dem Papier auch nur anzusetzen zu meiner Chronik deiner Abwesenheit,
zur Skizze des Lebens als Winterlandschaft, als Schneesturm mit Hintergrund. all das
gleitet langsam in die Vergangenheit. alles reißt sich los wie der Hund der Banditen.

unter der Haut, einem Geschwür ähnlich, knospt das Anzünden der Bibliothek.
das Leben kriecht in die trockenen Blätter. vielleicht brennen Manuskripte nicht,
da aus ihnen der letzte Schatten des Wirklichen verschwunden ist:
das Wohnen zu zweit, der Austausch winziger Zärtlichkeiten, Eintöpfe,
Sonntage in Badezimmern und das Stehlen von Büchern, Krimis,
fürs Lesen in südlichen Nächten. es kommt die Zeit der Lügen:
ich werde meine Socken wechseln, Fremdsprachen lernen, mein Penis ist riesengroß, all das

damit der Gedanke sich zum Fleisch gesellt, damit die Verse mäßig brennen,
aber beständig. es kommt die Zeit der Lügen: die Tür des Kühlschranks öffnet sich,
um das ruhige gemeinsame Leben zu beleuchten – eine Wohnung im Arbeiterviertel,
Pizza aus dem Ofen, Zeitschriften anstelle von Büchern; all das, um Zeit zu gewinnen
für eine endgültige Chronik, für dich und für die Welt unter einer Daunendecke.
alle Ergebnisse der Geschichte sind gleich. alle Verse hängen nur von dir ab.
die Heuschrecken knabbern, die Kessel pfeifen, ein neuer Morgen steigt auf –
die Fallbeile stehen in Flammen.

IZ KUHARICE MESOŽDERA

Svijet kao kotlić
krčka na kamperskom kuhalu sunca

zemlja voda dovedena do ludila
smrću posoljena

a svaki mrtvac
svaki mrtvac je jedno kokošje srce

i kuca

AUS DEM KOCHBUCH DES FLEISCHFRESSERS

Die Welt als Kessel
köchelt auf dem Campingkocher der Sonne

das Land das Wasser in den Wahnsinn getrieben
mit Tod gesalzen

und jeder Tote
jeder Tote ist ein Hühnerherz

und schlägt

PRVI PSALAM ZA SUVOZAČA

S noći naranče postaju kljunovi kosova. kako to misliš – kljunovi?
pitaš kočeći pred barom Osmica
sjajnim u rostfraju, s onim sofama s početka osamdesetih
čekajući da pacov gricne u tamni perec
i zeleno niz vlažan asfalt u neuhvatljivoj žabici klizne
kao pogled na dekolte.

ja nisam vozač, i šutim. bliješte svjetla za mene jalova;
bez snage suda, bez moći naredbe. zatim udišem i dugo govorim:
kljunovi, baš tako – kljunovi
kljunovi kosova napuhanih kroz anus pumpicama debelih njemica
kojima inače ljeti pumpaju luftiće.
a sad je jesen i pumpe odložene na plažama leže
ljubav se runi kao jeftin lak s noktiju, zasipa perivoje i pločnike
i sve njemice koliko pogled dopušta pumpaju,
pumpaju svoju daleku ljubav u malena tijela kosova
kosova koji su gluha noć svijeta, vlažna, pernata kao nada,
kljunove koji su naranče, sočne naranče okrugle kao grudi, da:
kao njihove grudi.

DER ERSTE PSALM FÜR EINEN BEIFAHRER

Nachts verwandeln sich Orangen in Amselschnäbel. wie meinst du das – Schnäbel?
fragst du und bremst vor der Bar Die Acht
in ihrem rostfreien Glanz, mit ihren Sofas aus den frühen Achtzigern
und wartest, dass die Ratte in die dunkle Brezel beißt
und das Grün im Fröschchen, das man nicht fangen kann, über den feuchten Asphalt gleitet
wie ein Blick zum Dekolleté.

ich bin kein Fahrer, und so schweige ich. die leuchtenden Lichter sind für mich unfruchtbar;
ohne Gerichtskraft, ohne Befehlsmacht. danach atme ich ein und rede lange:
Schnäbel, genau das – Schnäbel
Schnäbel von Amseln, fettleibige Deutsche haben sie durch den Anus aufgeblasen
mit winzigen Luftpumpen, mit denen sie im Sommer ihre Luftmatratzen aufpumpen.
jetzt aber ist Herbst und die Luftpumpen liegen abgelegt an den Stränden,
die Liebe blättert ab wie billiger Nagellack, schüttet Parks und Bürgersteige zu
und soweit der Blick reicht, sieht man Deutsche pumpen,
sie pumpen ihre ferne Liebe in die winzigen Körper der Amseln hinein.
Amseln, die die stumme Nacht der Welt sind, feucht und gefiedert wie die Hoffnung,
Schnäbel, die Orangen sind, saftige Orangen, rund wie Brüste, ja:
wie ihre Brüste.

ČESTO POSTAVLJANA PITANJA

Večer je obična. nema iznenadnih,
kasnih sastanaka u slastičarnici »Tajga«
susreta koji život u malom gradu učine načas
sličnim prizoru hladnoratovskog krimića:
kao potplaćeni špijuni okupljamo se oko
plastičnih stolova nadvijeni nad dvije krempite
i konobar, nepotkupiv kao policajac u penziji,
na treći poziv skače vičući: odmah!
levitirajući u neonskom svjetlu nestvarno,
nalik ikoni ili svecu kojeg treba sačuvati, rekla si:
medom ga pomazati. nema prekida programa,
nema finalnih utakmica, tko se rodio, rođen je.
u prvi plan dolaze manične potrebe:
još jednom oprati šalice, provjeriti jesu li
dokumenti na mjestu, prozori uredno zatvoreni,
odjeću presaviti i prebaciti preko naslona stolice.
spreman na sve što dolazi, na mrak, na slatke susrete
satima ležati postavljajući najčešća pitanja:
kako od dvoje postaje jedno, gdje je taj snijeg, koliko
će sve to još trajati?

HÄUFIG GESTELLTE FRAGEN

Es ist ein gewöhnlicher Abend. keine plötzlichen
Überraschungstreffen in der Konditorei »Taiga«,
Treffen, die im Nu das Kleinstadtleben in die Szenerie
aus einem Krimi verwandeln, zur Zeit des Kalten Krieges:
wie bestochene Spione versammeln wir uns um
Plastiktische, gebeugt über zwei Cremeschnitten,
und der Kellner, unbestechlich wie ein Polizist im Ruhestand,
springt bei unserem dritten Ruf hoch und schreit: komme gleich!
du levitierst unwirklich im Neonlicht, einer Ikone ähnlich
oder einem Heiligen, den man beschützen soll, du sagst:
ihn einsalben mit Honig. es gibt keine Programmunterbrechung,
es gibt keine Fußballfinale, wer geboren wurde, ist geboren.
manische Bedürfnisse treten in den Vordergrund:
noch einmal die Tasse spülen, prüfen, ob alle
Dokumente an ihrem Ort sind, die Fenster ordentlich geschlossen,
die Kleidung falten und über die Stuhllehne legen,
bereit zu allem, was kommen möge, für die Dunkelheit, für süße Begegnungen,
stundenlang liegen und die geläufigsten Fragen stellen:
wie entsteht aus zwei eins, wo ist der versprochene Schnee, wie lange
wird all das noch dauern?

NO

Otresaš sa sebe san, kao pas poslije kupanja
masnu vodu. ovo ovdje je pjesma.
unutra otvaraš oči, upravljaš točkama
zakopčanim u tihu frontu. sličan srndaću, u tebi
bije nepodnošljivo iskupljenje. kao Šakal i njegova braća,
zajedno činimo jedno ime. kada ga začuju
svisci smrznu u svojim sjenama, svekrve saliju strah.
od njega naslovi pocrne od njega reci uzmaknu,
zubi se na njemu spoje sporije, prije nego škljocne ključ čizme.
ovo ovdje je pjesma, sve ovo ovdje: vani se živi drukčije.
tresu se tepisi, peku se paprike, majke biju boga u djeci.
federalna jedinica srca zasjeda. kad netko prokaže policajci
pjevaju pendrecima, svjetlosni šinteri skupljaju svoje pse.
kada je unutra to je jebanje, pjesma: pjesma je ono izvan.
i zatim niotkud svjetlo. zadah kao dah svijeta, pad kao pad kuće Usher
žeđ kao prepreka, i mapa »nacrti« prazna.
nema pjesama.

NO

Du schüttelst den Traum von dir ab wie der Hund nach dem Bad
das fettige Wasser. das hier ist ein Gedicht.
drinnen öffnest du die Augen, steuerst die Punkte, die eine stille Front
bilden. einem Rehkitz gleich schlägt
unerträgliche Erlösung in dir. wie der Schakal und seine Brüder,
zusammen bilden wir einen Namen. wenn sie ihn vernehmen,
erfrieren Murmeltiere in ihren Schatten, Schwiegermütter gießen die Angst.
sie lässt die Titel schwarz werden, sie lässt die Zeilen zurückweichen,
sie lässt die Zähne sich langsamer schließen, noch bevor der Spannschlüssel zuschnappt.
das hier ist ein Gedicht, all das hier: draußen lebt man anders.
Teppiche werden geklopft, Paprika gebraten, Kinder von ihren Müttern verdroschen.
der Föderationsrat des Herzens tagt. beim Verpfeifen singen die Schlagstöcke
der Polizei, die Lichtschinder sammeln ihre Hunde ein.
wenn es drinnen ist, dann ist es Ficken, das Gedicht: das Gedicht ist das, was außen ist.
und danach von nirgendwoher Licht. Gestank wie der Atem der Welt, der Fall wie der Fall
des Hauses Usher
Durst wie ein Hindernis, und die Mappe »Skizzen« leer.
keine Gedichte.

KUĆNI MAGELLAN

Probudio si se znojan i gol
mišića zgrčenih od pijanke koja je predugo trajala
i otisnuo se u smjeru hladnjaka znojan i gol
nalik pomorcu u potrazi za novim svijetom.

ispostavilo se svijet je lubenica
viđena izdaleka kroz jednu svilenu čarapu
pod čijom korom krvava magma, šećer ohlađen do ljubomore
u slatkoj ljubavi ljuljuška koštice.

u svakoj koštici kao u vijećnici stoluje mrtvac
sa svojom navikom šutnje, ispitom mirovanja
dok nož ne potopi urede u lijepak toplih proljetnih noći
i službenici napušteni od sviju pred prvim kapima
pobjegnu pod krov provincijske pošte.

gordi i suhi promatraju odande svinje kako gutaju svijet
i kako pljusak ispire njegovu mapu; pitaju kako toliko kiše
stane u nebo nad tako malim gradom?

DER HEIMISCHE MAGELLAN

Nackt und verschwitzt bist du aufgewacht,
die Muskeln verkrampft vom viel zu langen Besäufnis,
du hast dich nackt und verschwitzt in Richtung Kühlschrank aufgemacht,
wie ein Seefahrer auf der Suche nach der neuen Welt.

aus der Ferne durch einen Seidenstrumpf gesehen,
stellte sich heraus, dass die Welt eine Wassermelone ist,
unter deren Schale das blutige Magma, der Zucker zur Eifersucht erkaltet,
die Kerne in süßer Liebe schaukelt.

wie im Rathaus thront in jedem Kern ein Toter
mit seinem gewohnheitsmäßigen Schweigen, mit seiner Ruheprüfung,
bis ein Messer die Büroräume im Kleister warmer Frühlingsnächte ertränkt
und die Angestellten, von allen verlassen, unter dem Dach der Provinzpost
Zuflucht vor den ersten Tropfen suchen.

hochmütig und trocken betrachten sie von dort die Schweine, die die Welt verschlingen,
und den Regenschauer, der ihre Landkarte fortspült; sie fragen, wieso passt so viel Regen
in den Himmel über einer derart kleinen Stadt?

DIVLJI DLANOVI

Voljeti to je najlakše, sve drugo tako je teško.
dugo je vrijeme za nama: dani su se počeli grčiti.
prodavači u ogrtačima, svećenici u laži,
čopor noći čereči jednu jedinu živu žarulju, dolje
u južnoj četvrti. što još primjećujem?
pjesme postaju kraće.
i tvoje oči ulaze u njih kao na stadione
noseći signalne buktinje. u džepovima
vrebaju divlji dlanovi. čekaju svoj čas, čuče
kao Slaveni u trenerkama ispred supermarketa
dok sjever priprema osvetu, dok jednom ne škljocnu
srebrni šalteri. nečujni život prostora. pritisak krvi.
konačno, što sa svim drugim? doručak mački, aorist glagolu,
bogovi ubogima. hladna domovina.

WILDE HANDFLÄCHEN

Lieben, das ist das Leichteste, alles andere ist so schwer.
eine lange Zeit liegt hinter uns: die Tage beginnen sich zu verkrampfen.
Verkäufer in Kitteln, Priester in Lügen,
das Rudel der Nacht zerreißt die einzige lebende Glühbirne, unten
im südlichen Viertel. was fällt mir noch auf?
die Gedichte werden kürzer.
und deine Augen ziehen hinein wie in Stadien,
dabei tragen sie glühende bengalische Fackeln. in den Taschen
lauern wilde Handflächen. sie warten auf ihre Stunde, hocken
wie die Slawen in Jogginganzügen vor den Supermärkten,
während der Norden auf Rache sinnt, bis dereinst
die silbernen Schalter zuschnappen. das unhörbare Leben des Raums. dem Blut seinen Druck.
schließlich, wohin mit all dem anderen? der Katze ihr Frühstück, dem Verb sein Präteritum,
den Elenden ihre Götter geben. die kalte Heimat.

ARGUMENT RANE

Onoga s ranom sustigao sam u snu. ranu je nosio
kao orden. nosio ju je kao medalju. još kao dječak
ranu je bio pojeo, ne bi li je u sebi sakrio. odasvud
upirao je aorist: kaplje sna klatiše se u svojim šarkama
kao kapije. države su se povukle pod kamenice.
a ja sam znao sve mesare, izučih iznutra njihov zanat.
da ne bi umakao vezao sam ga kaišem, kako vezujemo
sve koje volimo. započeo sam šakama. zatim ga srušio
ušicom sjekire, da ne bih ranu poremetio.
imao sam je pred sobom rastvorenu, kao povelju. sama je
bila svoj pečat. skok u dalj, prečica, veza između vjetra i tijela,
isprava vremena. ni tako, kao mapa bila je preda mnom prostrta,
nisam umio reći je li rana ulazna ili izlazna. iako sam je slijedio
stoljećima, ostala mi je strana. pratio sam je u stopu
kao što hrt prati lisicu, kako mjesec nadgleda kosti,
iz čiste ljubavi. naučio sam steći svoju ranu je dužnost.
primijetio sam svaka rana je posebna. nitko za mene nije umro,
nitko nikada bio svet. tijelo je kutija koju otvara vrijeme.
rana je otvoren prozor, kroz koji ulazi svijet.

DAS ARGUMENT DER WUNDE

Den mit der Wunde holte ich im Traum ein. er trug die Wunde
wie einen Orden. er trug sie wie eine Medaille. er hatte die Wunde im Kindesalter
aufgegessen, um sie in seinem Inneren zu verbergen. von überall
preschte das Präteritum: die Traumtropfen schwangen in den Scharnieren
wie Türen. die Staaten zogen sich unter Felsen zurück.
und ich kannte alle Metzger, ich lernte von Grund auf ihr Handwerk.
damit es mir nicht entfliehen konnte, band ich es mit einem Gürtel, so wie wir alle
festbinden, die wir lieben. ich begann mit den Fäusten. dann warf ich es um
mit der Axtöse, damit ich die Wunde nicht störte.
sie lag vor mir, geöffnet wie eine Urkunde. sie war sich selbst
das Siegel. der Weitsprung, die Abkürzung, die Verbindung zwischen Wind und Körper,
das Dokument der Zeit. nicht einmal so – sie war vor mir ausgebreitet wie eine Landkarte –
konnte ich sagen, ob die Wunde eine Eingangs- oder eine Ausgangswunde war. obwohl ich ihr
jahrhundertelang gefolgt war, blieb sie mir fremd. ich folgte ihr auf Schritt und Tritt,
so wie ein Windhund dem Fuchs folgt, wie der Mond die Knochen überwacht,
aus reiner Liebe. ich lernte, dass es verpflichtend ist, eine Wunde zu haben.
ich bemerkte, dass jede Wunde besonders ist. niemand ist für mich gestorben,
nie ist jemand für mich heilig gewesen. der Körper ist eine Schachtel, die die Zeit öffnet.
die Wunde ist das offene Fenster, durch das die Welt hineintritt.

ŠTO JE REKLA MIKROVALNA

Koliko jutarnjih pišanja, kave, kruha nad kartom svijeta,
koliko madeža iznad Mongolije, ožiljaka oko ekvatora
koliko majke, koliko oca, rodbine,
jezika u kojem djeca spavaju kao zaklana
koliko Šalamunovih pjesama, časopisa *Uradi sam i Majstor*
koliko kubanskih kraljeva, prijemnika podešenih
na kratki val koji šapću oporuke životinja,
koliko pitanja poput »što je to« kao »kada će baba piti slatke rakije«
koliko kolesterola u žilama, automobila u vlažnim
nogavicama alpskih tunela; koliko pisama u kojim nestane
ptica, iz kojih provali sol, koliko vatre i tinte, koliko
kurca u boguisusu gospama, koliko i kakvih kantata,
koliko skijanja, snjegova ako je na stvari
ledena ljubav, ljubav koja graniči s pustoši; koliko godova u
ovom drvetu i u onom drvetu ondje, koliko skakavaca na usni –
deset je stupnjeva ali se osjeća kao sedam (osjeća li se ikad
išta kao što zaista jest) koliko laži, koliko vjetra, sjevera, sjene
koliko svijeta za mene, upitao sam svjetlo koje je drhtalo.

klik, rekla je pećnica, a zatim je i tog drhtavog svjetla nestalo.

WAS DIE MIKROWELLE GESAGT HAT

Wie viel morgendliches Pinkeln, wie viel Kaffee, Brot über der Landkarte,
wie viele Muttermale über der Mongolei, wie viele Narben um den Äquator,
wie viel von der Mutter, wie viel vom Vater, wie viel von der Verwandtschaft,
von der Sprache, in der die Kinder so ruhig schlafen, als wären sie abgeschlachtet,
wie viele Gedichte von Šalamun, wie viele *Selbermachen-* und *Selbst ist der Mann*-Zeitschriften,
wie viele kubanische Könige, Radioempfänger, gestellt auf
Kurzwelle, die Testamente von Tieren flüstern,
wie viele Fragen vom Typus »was ist das« und »wann wird Oma süßen Schnaps trinken«,
wie viel Cholesterin in den Adern, wie viele Autos in den feuchten
Hosenbeinen der Alpentunnels; wie viele Briefe, in denen
ein Vogel verschwindet und aus denen Salz hervorquillt, wie viel Feuer und Tinte, wie viele
Schwänze in den Flüchen zu Gott Jesus Unserer Jungfrau, wie viele und was für Kantaten,
wie viel Skifahren, wie viel Schnee, wenn es um
eisige Liebe geht, die Liebe, die an die Ödnis grenzt; wie viele Jahresringe in
diesem Baum und in dem Baum dort, wie viele Heuschrecken an der Lippe –
es sind zehn Grad, aber gefühlt sind es sieben (fühlt man je etwas so, wie
es wirklich ist), wie viele Lügen, wie viel Wind, wie viel Norden, Schatten,
wie viel Welt für mich, fragte ich das Licht, das zitterte.

klick, sagte der Ofen, und da verschwand auch dieses zitternde Licht.

POSLOVI I DANI

Živjela sam povučeno, među svojima.
brzina kamena, korov, zemlja koja ispuni usta.
nisam željela ništa do neba, ne: nebo je granica.
tuđe nećemo, kao što svoje ne damo. nije naše
to što je u nama, što nas pritišće: naše je
ono izvan, za što smo stvoreni. svemu se nadamo.
nada podliježe strasti, metal i zemlja ne. a u metalu
ima memorije, moguće jedino u nama ona živi.
kako je lijepo nebo! kako dosadna zemlja!
i kako je lijepo letjeti.
a nama slijede predugi dani.
vrijeme se sleglo u suštu izvjesnost:
zakon rasta i zakon rane, pojata vjetra
ime ukočeno u jednom jeziku.
noću se sruče srndaći. sa siječnjem pobijeli jelen.
pjevam tad svoju najljepšu pjesmu, zazivam lovca.
ja sam sirena u tankoj kutiji
i istovremeno ja sam ta kutija.
čovječe, za tebe kuca: moje srce od metala i poraza.
čovjek je lovac. zemlja zasjeda.
lovci su mudrice, ipak ne toliko pametni kao medvjedi.
medvjed je jači od jazavca, jazavac opet od zeca.
sjene koje ne slijede sunce, močvarne ptice,
samo se prave posebne.
najmudrija je ipak kopriva: ona je sva od misli.
a ja trebam težinu. ljepotu mase, sljepilo gravitacije
orgiju prostora u jednu jedinu ljubav, prostor
kao zakon i opoziv.
slava Newtonu. slava šumskim vodičima, skautima
gljivama i tim što ih beru
slava svemu što može skratiti ovo vrijeme!

GESCHÄFTE UND TAGE

Ich lebte zurückgezogen, bei den Meinen.
die Geschwindigkeit des Steins, Unkraut, Erde, die den Mund vollstopft.
ich wünschte nichts als den Himmel, nein: der Himmel ist die Grenze.
wir wollen das Fremde nicht, das Eigene geben wir nicht her. es gehört uns nicht
das, was in uns ist, was uns erdrückt: uns gehört
das, was außerhalb ist, wofür wir geschaffen sind. wir hoffen auf alles.
die Hoffnung unterliegt der Leidenschaft, das Metall und die Erde nicht. und im Metall
wohnt die Erinnerung, möglicherweise lebt sie nur in uns.
wie schön der Himmel ist! wie langweilig die Erde!
und wie schön es ist zu fliegen.
auf uns kommen allzu lange Tage zu.
die Zeit hat sich in reine Gewissheit gelegt:
das Wachstumsgesetz und das Wundengesetz, die Scheune des Windes,
der Name, versteift in einer Sprache.
des Nachts strömen Rehböcke zusammen. mit dem Januar wird der Hirsch weiß.
ich singe dann mein schönstes Lied, ich rufe den Jäger herbei.
ich bin die Meerjungfrau in einer dünnen Kiste
und gleichzeitig bin ich die Kiste selbst.
für dich, Mensch, schlägt: mein Herz aus Metall und Niederlagen.
der Mensch ist ein Jäger. die Erde eine Falle.
die Jäger sind Schlaumeier, aber doch nicht so klug wie Bären.
der Bär ist stärker als der Dachs, der Dachs wiederum als der Hase.
die Schatten, die der Sonne nicht folgen, die Sumpfvögel,
sie tun nur so, als seien sie etwas Besonderes.
am schlausten ist doch die Brennnessel: sie besteht aus lauter Gedanken.
und ich brauche das Gewicht. die Schönheit der Masse, die Blindheit der Gravitation,
die Orgie des Raumes in einer einzigen Liebe, den Raum
als das Gesetz und als den Widerruf.
Ehre sei Newton. Ehre den Waldführern, den Pfadfindern,
den Pilzen und jenen, die sie suchen,
Ehre allem, was diese Zeit verkürzen kann!

nadu ne gubimo, ne: netko će nam već stati na put.
oči užegle lutaju mapama naših metalnih polja.
slabe bogovi nalik na krtice, anđeli nafte i kostiju.
smatramo: uvijek je bilo pošteno raditi s ljudima –
ovo je vrijeme čovjeka, dolaze ljudskiji dani.
proljeće koje ništi i vezuje, obnavlja krv
i mi se vraćamo svojim vrijednostima.

wir verlieren nicht die Hoffnung, nein: jemand wird uns schon den Weg versperren.
glühende Augen irren über die Landkarten unserer Metallfelder.
maulwurfgleiche Götter schwächeln, die Engel des Erdöls und der Knochen.
wir sind der Meinung: es war immer anständig mit Menschen zu arbeiten –
das ist die Zeit des Menschen, es kommen menschlichere Tage.
der Frühling, der vernichtet und verbindet, der das Blut erneuert,
und wir kehren zurück zu unseren Werten.

NEZDRAVA MISTIFIKACIJA JEDNOG SVAKODNEVNOG PRIZORA. POSVE MIMO INAČE ČVRSTE LINIJE PJESME

Naranče
u visini očiju obješene u ovo podne
dok nosim kući vrećice s ribom
s nekim drugim voćkama nesvjesnim svog poslanja
slatkim, i tako oborenim.
naranče. skupština sisa pred strijeljanje.
summit planeta kojih se zemlja ne tiče
referat posvećen kičmi, razvučen jezikom
naranče u pusto podne, čakre iz kojih ništa ne teče
nikakva hrana, nikakva radost, nikakva vijest.
tek boja, nijansa jedva od krvi izborena
i jedna osuda, koja čeka. a ja ću svaki čas ući
zaposjesti prostor kako komoru posjedne plin
pustiti smrt da se načas zanese, plodove da se zakotrljaju stolom
riblje zube da zgrabe zrak pod pregačama zaostao
za ljudima koji su rijetko kod kuće. vrijeme je ručku
prozor je zatvoren, i tu se teško još ima što reći.
naranče u svojoj slozi, nevjerojatno udaljene od svega
peku nalik pribadači. ništa na svijetu nije od boga
osim naranči.

DIE UNGESUNDE MYSTIFIKATION EINER ALLTÄGLICHEN SZENE. GANZ AN DER ANSONSTEN FESTEN LINIE DES GEDICHTS VORBEI

Orangen
an diesem Mittag auf Augenhöhe gehängt
während ich die Plastiktüten mit Fisch nach Hause trage
mit anderen Früchten, die sich ihrer Sendung nicht bewusst sind
die süß sind, und so gefallen.
Orangen. eine Versammlung von Titten vor der Erschießung.
Zusammenkunft von Planeten, die die Erde nichts angeht
das Referat gewidmet dem Rücken, mit der Zunge langgezogen
Orangen zur öden Mittagsstunde, Chakren, aus welchen nichts herausfließt
keine Nahrung, keine Freude, keine Nachricht.
nur eine Farbe, die Nuance mühsam erkämpft vom Blut
und das Urteil, das wartet. und ich werde in jedem Augenblick eintreten
den Raum einnehmen, so wie das Gas eine Kammer einnimmt
dem Tod seine Schwärmerei erlauben, den Früchten gestatten, über den Tisch zu rollen
den Fischzähnen, nach jener Luft zu schnappen, die unter den Schürzen übrig geblieben ist
nach den Menschen, die selten zu Hause sind. es ist Zeit für das Mittagessen
das Fenster ist geschlossen, und es gibt kaum noch etwas zu sagen.
die Orangen in ihrer Eintracht, unfassbar fern von allem
stechen wie eine Stecknadel. nichts auf der Welt ist von Gott
außer Orangen.

HLAĐENJE BIBLIOTEKE

Prvo se ugase svjetla. neon na odlasku
bljesne o zlatne naslove. i bijela lađa
prekidača bez borbe preda
svoja jedra tami koja se podiže.

peći jedna po jedna utrnu lišene ugljena.
koraci, čiji eho čistim čajnim kuhinjama tumara,
ušiju prostor u tešku tišinu.

od klima-uređaja pomoć nije bilo za očekivati
jer ih ondje još ne bijahu ni postavili.
a kad, osvetom vođena, jedna poznata ruka
podigne prozore i pusti unutra zimu,
mačka se prene iz sna o mladom mesarskom šegrtu.

sa svojim zastarjelim parolama
čistki pristupi vjetar
i pahulje gubave zvijezde
do smrti čitahu Tolstoja.

mnogi će službenik mnoga će žalosna sekretarica sutra
zaviti crnu traku svog stroja o mišku, slova će čekati:
na bijeloj stranici snijega
nitko ne piše.

DIE ABKÜHLUNG DER BIBLIOTHEK

Zuerst erlöschen die Lichter. beim Weggehen lässt das Neon
die goldenen Titel aufblitzen. und das weiße Schiff
der Lichtschalter übergibt seine Segel kampflos
an die aufsteigende Dunkelheit.

der Kohle entledigt, verglimmen die Öfen, einer nach dem anderen.
die Schritte, deren Echo durch die sauberen Teeküchen irrt,
nähen den Raum in die schwere Stille ein.

von den Klimaanlagen war keine Hilfe zu erwarten,
da sie dort noch nicht installiert worden waren.
und als eine bekannte Hand, von der Rache geleitet,
die Fenster hochzog und die Kälte hereinließ,
schreckte die Katze aus ihrem Traum vom jungen Metzgerlehrling auf.

mit seinen veralteten Parolen
schließt sich der Wind der Säuberung an
und die Schneeflocken vom aussätzigen Stern
lesen bis zum Lebensende Tolstoi.

viele Angestellte, viele traurige Sekretärinnen werden sich morgen
die schwarzen Bänder ihrer Maschinen um die Oberarme binden, die Buchstaben werden warten:
es wird niemand schreiben
auf dem weißen Schneeblatt.

HAMLET, KLASIČNA MIŠOLOVKA, ZABILJEŽENA I KAO EKG

Srčani mišiću, mišiću lud od krvi
čuvaru kućnog arhiva smočnice
sa svojom kršćanskom sklonosti seksu
zvjerko za čijim repom zalaze zidovi
okorjeli kopaču, sivonjo
iznuren od rovarenja kolutom tijela
dosadom disanja, ritmom što pogoni
jezik i zube koji otvore oči u vrećama
pa iz njih ječam polako kapi sličan dječačkoj pišaćki;
mišiću dijelimo jednu očajnu povijest
mišiću meso je to koje kuca u prsima
pogledaj zemlja je daščica sir masno sunce nebo žičana kupola
ti koji ljubiš ti koji kopaš ti koji grizeš ti što udaraš pogledaj:
pod nebom sunce kao ispušten novčić
samo za tebe pomalja se iz zemlje.

HAMLET, DIE KLASSISCHE MAUSEFALLE, AUCH ALS EKG NOTIERT

Du Herzmuskel, Mäuserich, verrückt geworden vom Blut
Hüter des Hausarchivs der Speisekammer
mit deiner christlichen Neigung zum Sex
du Biest, hinter dessen Schwanz die Wände untergehen
hartgesottener Erdarbeiter, du Unermüdlicher
erschöpft vom Gehetze durch den Leib
von der Langeweile des Atmens, vom Rhythmus, der die Zunge
und die Zähne antreibt, die in Säcken Augen öffnen und Löcher einreißen,
daraus tropft langsam die Gerste wie Jungenpisse;
Mäuschen, wir teilen eine grässliche Geschichte
Mäuschen, in der Brust pocht ein Stück Fleisch
schau, die Erde ist ein Brettchen Käse fettige Sonne Himmel Kuppel aus Draht
du der du liebst der du gräbst der du beißt du der du schlägst schau:
unter dem Himmel taucht die Sonne nur deinetwegen aus der Erde
wie eine fallengelassene Münze.

IZ OPORUKE NARATOLOGA

Popodne, naizgled kratko,
kao kašalj pred tešku bolest;
epitaf, sažetak svakog epa.

AUS DEM TESTAMENT EINES NARRATOLOGEN

Ein scheinbar kurzer Nachmittag
wie Husten vor dem Beginn einer schweren Krankheit;
das Epitaph, die Kurzfassung eines jeden Epos.

SADA I OVDJE

To je moj život, kažem:
svitanje u nekom selu, u Slovačkoj.
proljeće, posljednji snjegovi.
grčenje tijela u navici,
priprema ručka za dvoje –
grah i kobasice,
lončić čaja, suh strah u listovima,
bijes koprive utišan bijesom vode.
valja priznati, tako je: što voda spoji
više nitko neće razdvojiti.

no kao jabuka u usta prasca
među nas se smješta tišina;
šutnja svojstvena svemu
s vodom suočenim.
a samo snažni i okrutni,
oni koji su prasca priklali,
oni što jedu za dvoje prežive zimu.
valja priznati, čini se eto tako je:
jutra smekšala od strasti vatre
jabučni ocat u krvi, u mesu crvi kobasice,
pad, potop po otapanju.

JETZT UND HIER

Das ist mein Leben, sage ich:
die Morgendämmerung in einem Dorf in der Slowakei.
Frühling, die letzten Schneefälle.
das Verkrampfen des Körpers aus Gewohnheit,
das Mittagessen für zwei zubereiten –
Bohnen und Würstchen,
ein Teekessel, trockene Angst in den Blättern,
die Wut der Brennnessel, besänftigt durch die Wut des Wassers.
man muss zugeben, es ist so: was das Wasser zusammenfügt,
wird niemand mehr trennen.

doch wie der Apfel im Maul des Spanferkels
nistet sich die Stille zwischen uns ein;
das Schweigen, das all dem eigen ist,
was mit dem Wasser konfrontiert wurde.
und nur die Kräftigen und die Grausamen,
jene, die das Spanferkel abgeschlachtet haben,
jene, die für zwei essen, überleben den Winter.
man muss zugeben, anscheinend ist das so:
die Morgen aufgeweicht von der Leidenschaft des Feuers,
Apfelessig im Blut, im Fleisch die Wurstwürmer,
der Fall, die Überschwemmung nach dem Tauwetter.

PROBLEM GOVORA

Postoji taj problem govora. da se govori: da,
ali ne: zašto. uvijek bezglavi bijeg od uzroka,
slijep skok na posljedicu. sposobnost da riječi preskaču
poput ploče i elektrona s jedne u drugu stazu,
pretaču se kao višak vrijednosti na račun vlasnika
sredstava za proizvodnju pjesme.

a ti si prijemnik kratkog daha, tranzistor na sve spreman.
svaki put kad kroše prostora izbije slatki signal
tvoji spikeri osvajaju antene i, razapeti između zemlje i etera,
prenose posljednje vijesti: nisi vosak kojim redovnice taže želju
nisi neiskoristivo, masno tijelo; pjesma si, fitilj
kroz koji izgara svijet.

DAS PROBLEM DES SPRECHENS

Es gibt dieses Problem des Sprechens. dass man spricht, ja,
aber nicht: warum. immer die kopflose Flucht vor der Ursache,
der blinde Sturz auf die Folge. die Fähigkeit der Wörter,
wie eine Schallplatte zu springen oder wie Elektronen ihre Umlaufbahn zu wechseln,
sich umzulagern wie der Mehrwert auf das Konto der Person,
die über die Mittel für die Gedichtproduktion verfügt.

und du bist der kurzatmige Empfänger, das Transistorradio, zu allem bereit.
jedes Mal, wenn aus dem Seitenhieb des Raums ein süßes Signal herausschlägt,
erobern deine Sprecher die Antennen, hin- und hergerissen zwischen Erde und Äther
übertragen sie die letzten Nachrichten: du bist kein Wachs, mit dem die Ordensfrauen
ihr Begehren stillen, du bist kein unbrauchbarer, fetter Körper; ein Gedicht bist du,
die Zündschnur, um die Welt zu verbrennen.

POHVALA SENFU

Zagreb nedjeljom, magla
i T-bone Burnett. još jedna
od onih »ovo« i »ono« pjesama,
ali bez »ovo« i »ono«. uhodan
posao jeseni. sve boje senfa.
fasade, nebo, kose šetača koji
odnekud izmile i zatim nestanu,
boje senfa. Zagreb nedjeljom, mlaka
hrenovka koja se lako guta. šum
praznog vremena. grlo i anus i povijest,
sve pretrpano. i opet posao jeseni.
Hrvati, standardno dosadni. jezik
znojan pod zubima. plijesan i mačke:
debele, raskošne domaće mačke,
Hrvatima standardno superiorne.
hunjavica, opća i konačna, kronično
ljuštenje svijeta pred snjegove. nebo
kao naličje ničega. ništa kao naličje neba.
T-bone Burnett, magla, i senf: jeftin,
po svemu razmazan.

LOB DEM SENF

Zagreb am Sonntag, der Nebel
und T-Bone Burnett. noch eines
von diesen »dies«- und »das«-Gedichten,
aber ohne »dies« und »das«. das Herbstgeschäft,
gut angelaufen. alle Senffarben.
Fassaden, der Himmel, die Haare der Spaziergänger,
die von irgendwo hervorkriechen und dann verschwinden,
senffarben. Zagreb am Sonntag, das lauwarme Wiener
Würstchen, das sich leicht schlucken lässt. das Rauschen
der leeren Zeit. Hals und Anus und Geschichte,
alles überfüllt. und schon wieder das Herbstgeschäft.
die Kroaten, gewohnt langweilig. die Zunge
unter den Zähnen verschwitzt. Schimmelpilze und Katzen:
fette, üppige einheimische Katzen,
den Kroaten für gewöhnlich überlegen.
Schnupfen, allgemein und endgültig, das chronische
Enthülsen der Welt vor dem Schnee. der Himmel
als die Kehrseite des Nichts. das Nichts als Kehrseite des Himmels.
T-Bone Burnett, Nebel, und Senf: billig,
überall verschmiert.

NARANČE II

Ući u naranču, ući u vruću pećinu jezika
podmazanog, najčešće na sve spremnog.
kako mačak uđe u vreću. kako se već bezbrižno bliži
ulazak u što god da se namjeravalo upropastiti:
čovjek u ženu, crvić u čovjeka, nož u životinju.

ali izdaja raste iznutra, sa svojim zubima sličnim ruži
i životinja u tankim paketima polako napušta tijelo
izdubljeno, jednako izjedeno. jezik pupa u deset kriški.
širi se na način svjetlosti, sjaji, kako svjetluca frižider neženje noću;
prazno, no na sve spremno. svakome otvoreno.

ORANGEN II

Eine Orange betreten, die heiße Höhle der geölten,
zu allem bereiten Zunge betreten.
so wie der Kater den Sack betritt. so wie man immer sorgloser
und unverzüglicher das betritt, was man zu zerstören beabsichtigt:
der Mann die Frau, das Würmchen den Mann, das Messer das Tier.

aber der Verrat wächst von innen, mit seinen Zähnen, die einer Rose gleichen,
und das Tier verlässt langsam in schmalen Paketen den ausgehöhlten,
gleichmäßig ausgefressenen Körper. die Zunge erblüht in zehn Scheiben.
sie breitet sich aus wie das Licht, leuchtet wie der Kühlschrank eines Junggesellen nachts;
leer, aber zu allem bereit. für jeden geöffnet.

SRIJEDA BEZ POŠTE

Srijeda, i nitko ne piše.

zora jednu po jednu ždere zavidne zvijezde.
prašina ništi na sedam načina.
grafit se guta.

Marija, seoska konobarica, pomislila je
o mene nitko ne griješi.

procvale igle u papir upravljene
uredi tihih graničnih gradova –
niz te močvarne trave jedan prehlađen službenik silazi
da sjena sjedne.

a nama nikad, nikad nam ne bi palo
na pamet da ne pokušamo.

želimo umrijeti ovdje:
iz blage ruke
kapaju pečati kao sati
u bijele ljesove liježu, otimaju se.

želimo umrijeti ovdje,
s noći čađavi poštari trče:
grafit se guta, grafit se guta

gugući.

MITTWOCH OHNE POST

Es ist Mittwoch, und niemand schreibt.

die Morgendämmerung frisst einen neidischen Stern nach dem anderen auf.
der Staub beseitigt auf sieben Weisen.
der Grafit verschluckt sich selbst.

Marija, einer Dorfkellnerin, kam der Gedanke
an mir versündigt sich niemand.

aufgeblühte Nadeln auf das Papier gerichtet
Büroräume stiller Grenzstädte –
ein erkälteter Angestellter steigt an den Sumpfgräsern hinab
wo sich der Schatten bettet.

und wir würden es nie, nie
unversucht lassen.

wir wollen hier sterben:
aus der milden Hand
tropfen Siegel wie Stunden
sie sinken in weiße Särge, sie wehren sich.

wir wollen hier sterben,
nachts rennen rußverschmierte Postboten herum:
der Grafit verschluckt sich selbst, der Grafit verschluckt sich selbst

und gluckst.

PO KALENDARU

Jesen januar proždire:
na novi način pjesme postaju stvarne.

mraz je zgusnuo ćelije jabuka,
vjetar gnječio strah do crvenila.
na čela legoše lažne vunene niti.
i mačke sa svojih ležaja,
štednjaka logorskim pećima sličnih,
skočile su iščeznuvši u siječanjskoj noći.

šum šahti nije mogao podnijeti nitko:
kao da gori drska, južna životinja.
led je glačao bijele stranice predaje.
jer položaje je bilo nemoguće sačuvati:
jutro je bez zadržavanja prodiralo u radnje
noseći čaj u šalice i duge čavle u oči.

završilo je vrijeme kolebanja, pritišće zrelost zime
na nov način, na nov način kako će se još vidjeti.

NACH DEM KALENDER

Januar frisst den Herbst:
Gedichte werden auf neue Art wirklich.

der Frost verdichtete die Zellen der Äpfel,
der Wind zertrat die Angst bis zur Rötung.
falsche Wollfäden legten sich auf die Stirn.
und die Katzen sprangen von ihren Schlafstätten,
jenen Kochherden, die an Lageröfen erinnern,
verschwanden in der Januarnacht.

niemand konnte das Geräusch der Schächte ertragen:
als würde ein freches, südliches Tier brennen.
das Eis glättete die weißen Seiten der Niederlage.
denn es war unmöglich, die Stellungen zu wahren:
der Morgen drang unaufhaltsam in die Geschäfte
und brachte Tee in die Tassen und lange Nägel in die Augen.

die Zeit des Zweifelns ist beendet, die Reife des Winters drückt
auf neue Art, auf neue Art, wie noch zu sehen sein wird.

RANA III (U BIJEGU, NA PLATNU PRIGRADSKOG KINA)

U jedan po ponoći posljednji tramvaji
odvoze ranu na Remizu, da je od mene sakriju.
zima je spojila zube, u ledu su se ogledali prerani
pupoljci badema, zavedeni toplijim danima.
udarale su desete godine. poezija je služila politiku,
pastiri kostiju kuljali su iz podruma katedrala.
rana je od mene bježala ne znajući da je ni same nema
bez njenog plemena. štafeta-rana prelazila je
iz ruke u ruku kao miraz, nasljedna bolest.
tramvajske lire otkidale su od neba adagio krila i kapljica.
slot mašine sa stanica obznanjivahu u ludoj zvonjavi
svoj plijen od šljiva i trešanja.
a kad su banuli kontrolori s krastama umjesto isprava
rana u bijegu, nad-rana, rana-matica sljubila se sa stubama
gradeći se krvavom kapljom iz kese s prazničkim ručkom.
bio je rani ožujak i ona je obećala da će ponovo doći:
položila je jedno jaje u moje srce,
jednu uš ostavila je u mojoj kosi.

DIE WUNDE III (FLÜCHTIG, AUF DER LEINWAND EINES KINOSAALS AM STADTRAND)

Um eins nach Mitternacht fahren die letzten Straßenbahnen
die Wunde in die Remise, um sie vor mir zu verstecken.
der Winter presste die Zähne zusammen, im Eis spiegelten sich verfrühte
Mandelknospen, verführt von den wärmeren Tagen.
die Zehnerjahre schlugen an. die Poesie bediente die Politik,
Knochenhirten strömten aus den Kellern der Kathedralen.
die Wunde floh vor mir, ohne zu wissen, dass sie ohne ihren Volksstamm
sowieso nicht existiert. die Stafettenstab-Wunde ging von Hand zu Hand
wie die Aussteuer einer Braut, wie eine Erbkrankheit.
die Straßenbahnlyren rissen ein Adagio aus Flügeln und Tropfen vom Himmel.
mit irrem Geklingel verkündeten die Spielmaschinen von den Haltestellen
ihre Beute aus Pflaumen und Kirschen.
und als die Kontrolleure mit Verschorfungen anstelle von Ausweisen hereinplatzten,
vereinigte sich die fliehende Wunde, die Über-Wunde, die Mutter-Wunde mit der Treppe
und tat so, als wäre sie ein blutiger Tropfen aus einer Tüte mit Festtagsessen.
Es war früher März und die Wunde versprach wiederzukommen:
sie legte ein Ei in mein Herz,
hinterließ eine Laus in meinem Haar.

SOTIJA KOJA SE NA KRAJU SVEDE NA SEKS

Ušao sam u arhiv okusa i djevojci za pultom predao
karticu s tvojim imenom. imao sam sve pečate:
tisuće tajnih dokumenata drhtalo je pred mojom strasti.
sami od sebe, vođeni svjetlom,
dosjei su se otvarali kao cvjetovi:
iz svakog tučka osipao se strašan pelud.
uznemirile su se arhivske pčele;
službeno sunce peklo je poput izdaje.
lupom sam ga usmjerio na sitan tekst
papiru prijeteći požarom: okusi ne gore,
upozorio sam sam sebe, mirisi ostaju u nama kao kosti,
miješaju nas sa prostorom. a bez graška, jasno je,
ne vrijedi živjeti, priznao sam i zabio nos u spise.
istina je, kao i svaka istina, bila teža od laži.
trideset i tri godine živio sam kao napušten muž
u tuđim kuhinjama njušeći, kušajući i žvačući,
bez da sam dokučio prirodu svoje strasti.
i sad odjednom, tak tako: tanjur graška tanjur je ustvari sitnih,
tek rođenih mekanih naranči, koje će u meni rasti.
je li u tom slučaju na stvari čudo, pitam pomirljivo;
može li snaga spoznaje preteći snagu želje?
ne znam, odgovaraš, no treba biti oprezan s čudima:
prvo pretvoriš vodu u vino, tek onda hodaš po vodi.

NARRENSPIEL, DAS SICH AM ENDE AUF SEX REDUZIERT

Ich betrat das Archiv der Geschmacksrichtungen und reichte der Frau hinter der Theke
das Kärtchen mit deinem Namen. ich hatte alle Stempel:
tausende Geheimdokumente zitterten vor meiner Leidenschaft.
aus eigenem Antrieb, angeleitet vom Licht,
taten sich Dossiers auf wie Blumen:
von jedem Stößel rieselte schrecklicher Pollen.
die Archivbienen waren beunruhigt;
die offizielle Sonne brannte wie der Verrat.
ich steuerte sie mit der Lupe auf einen winzigen Text
und drohte dem Papier mit Feuer: Geschmack brennt nicht,
warnte ich mich selbst, die Gerüche bleiben in uns stecken wie Knochen,
sie vermischen uns mit dem Raum. und ohne Erbsen, das ist wohl klar,
lohnt es sich nicht zu leben, gab ich zu und steckte meine Nase in die Akten.
die Wahrheit wog, wie jede Wahrheit, schwerer als die Lüge.
dreiunddreißig Jahre lebte ich wie ein verlassener Ehemann
schnüffelnd, kostend und kauend in fremden Küchen,
ohne dass ich je die Natur meiner Leidenschaft begriffen hatte.
und jetzt auf einmal, einfach so: ein Teller voller Erbsen ist eigentlich ein Teller voller winziger,
gerade geborener, weicher Orangen, die in mir wachsen werden.
handelt es sich in diesem Fall um ein Wunder, frage ich versöhnlich;
kann die Kraft der Erkenntnis die Kraft des Begehrens überholen?
ich weiß es nicht, antwortest du, aber mit Wundern sollte man vorsichtig sein:
zuerst verwandelst du Wasser in Wein und erst danach läufst du über das Wasser.

ODBJEGLA OVCA GODINE ODLAŽE SVOJE BRABONJKE U USTA PREDSJEDNIŠTVA HRVATSKOG PRIVATIZACIJSKOG FONDA

Ožujak poput žaoke
ispuše zračnicu zime.

travanj prođe u lažnim izborima,
jezik ucijenjen slomom sezone
nemoćan da zaposjedne visinske čeke
spriječi zečeve u divljem množenju
zadrži plod u krošnji, sjeme u mošnjama.

konačno, na način zablude,
stigne svibanj uz miris straha
i s njime mrak koji očvrsne mišice.
odjednom sve bude pretjerano.
čvorci uzađu u nebo kao suvišni mesije,
dosada s neba preseli se na terase i partyje.

jutro donese noževe i posloži ih po točnosti
i bude vrijeme da se s ranom nekako završi.
iščezne potreba da se bilo što tumači.
i jesen, bodrena pivskim zadahom ljeta,
kao tetoviran nadničar, nakupac ugljena,
priziva zimu koja dolazi s mrazom, zavija zemljine rane.

onaj s ničim drugim do kamena
bacit će prvi kamen.

DAS ENTFLOHENE SCHAF DES JAHRES LEGT SEINE KÖTTEL IN DEN MUND DES PRÄSIDIUMS DES KROATISCHEN PRIVATISIERUNGSFONDS

Wie ein Stachel lässt der März
die Luft aus dem Schlauch des Winters.

der April vergeht in falschen Wahlen,
die Zunge wird vom Zusammenbruch der Saison erpresst,
unfähig, die hohen Warten zu besetzen,
die Hasen an ihrer wilden Vermehrung zu hindern,
die Frucht in der Baumkrone zu halten, den Samen im Hodensack.

schließlich, ganz wie ein Irrtum,
kommt der Mai, begleitet vom Geruch der Angst,
und mit ihm ein Dunkel, das die Muskeln stärkt.
plötzlich ist alles übertrieben.
die Stare fahren in den Himmel auf wie überflüssige Messiasse,
die Langeweile zieht vom Himmel auf die Terrassen und Partys um.

der Morgen bringt Messer und ordnet sie der Pünktlichkeit nach,
und es wurde Zeit, mit der Wunde zum Schluss zu kommen.
das Bedürfnis, irgendetwas zu erklären, verschwindet.
und der Herbst, angespornt von der Bierfahne des Sommers,
einem Tagelöhner mit Tattoos, gleich einem Kohleeinkäufer,
ruft den Winter herbei, der kommt mit Frost, verbindet die Wunden der Erde.

derjenige, der nichts anderes hat als einen Stein,
wird den ersten Stein werfen.

VELIKI SVIJET

Sve. sve bi trebalo biti pod vodom.
mislim skidajući sa sebe odjeću, polažući je
poput privremenog posmrtnog pokrova
preko oblutaka bijelih od sunca, oblih od vode.
sve. sve ih selim pod površinu. sunce se sveti svijetu,
iz sata u sat sve strože, sjajnije. i ja nastavljam:
cipele, sadržaj džepova, knjige koje sam donio,
knjige koje su donijeli drugi, češalj, staklenka kompota,
mačka i moje meso. jer sve. sve hitno mora pod more.
jednom pod površinom, uz neizbježan lom svjetlosti,
svijet se odjednom čini većim: cipele kao čamci, Pogačar
kao Čehov. takve nas, najednom ogromne, snažne
ugleda sunce, i prestraši se. tako se prepadne novog,
velikog svijeta da se uvuče u sebe, pokunji, naglo ostari:
sunce od srama pocrveni i zatim potone u crninu. eto.
riješili smo se sunca i čekamo. netko će već upaliti svjetlo,
netko će doći, zaronit će: napokon netko će nam to reći u lice.

DIE GROSSE WELT

Alles. alles sollte unter Wasser sein.
denke ich, während ich meine Kleidung ausziehe, sie
wie ein vorläufiges Leichentuch auf die Kieselsteine lege,
die weiß sind von der Sonne, rund vom Wasser.
alles. all das verlege ich unter die Oberfläche. die Sonne rächt sich an der Welt,
von Stunde zu Stunde immer strenger, immer glänzender. und ich mache weiter:
die Schuhe, den Tascheninhalt, die Bücher, die ich mitgebracht habe,
die Bücher, die andere mitgebracht haben, den Kamm, ein Glas Kompott,
den Kater und mein Fleisch. denn alles. alles muss dringend ins Meerwasser.
einmal unter der Oberfläche, erscheint die Welt bei der unausweichlichen
Brechung des Lichts plötzlich größer: die Schuhe wie Barken, Pogačar
wie Tschechow. und auf einmal derart riesengroß und kräftig geworden, werden wir
von der Sonne erblickt, die einen Schrecken bekommt. sie erschreckt sich so sehr vor der neuen,
großen Welt, dass sie sich zurückzieht, niedergeschlagen, und sie wird plötzlich alt:
die Sonne wird rot vor Scham und taucht dann ins Schwarz ein. so ist das.
wir sind die Sonne losgeworden und warten. jemand wird schon das Licht anknipsen,
jemand wird kommen, eintauchen: jemand wird uns das endlich ins Gesicht sagen.

JABUKA

Bila je jabuka.
pomislio sam prvo: loptica,
igračka za kojom plače daleko dijete.
ipak je obična crvena jabuka
ležala među rebrima odvoda,
rebrima iz kojih mora da je postao spasitelj.
slijeva su se u šahte slijevali
potoci kiše koja je jabuku močila
čineći je konačno privlačnom,
jesenje sočnom.
zdesna je kolona taksija svjetlima
ispisivala prostote u niskoj magli.
im am ku rac ko po ni, telegrafirao je jedan;
do đi te svi vi di na movci i
je di te mi ga, reklo je svjetlo.
drugi, s kraja kolone, signalizirao je
po po vi ri šu do bre, ali znali smo
da je mislio *popušite ga dole*.
usred svega je, slijepa, stajala jabuka.
i sažalio sam se nad smrti koja spava u smjenama,
čuči u neplaćenim računima, muči se,
umornom smrti koja uvijek nekako stigne.
iz šahte je čist i gol ustao spasitelj, uzeo jabuku
i hladnoćom svog srca smrznuo asfalt u sjajnu pistu
kojom je do smrti usamljen hodao.

DER APFEL

Es war ein Apfel.
ich dachte zuerst: ein Bällchen,
ein Spielzeug, dem ein fernes Kind nachweint.
es war jedoch ein gewöhnlicher roter Apfel,
er lag zwischen den Rippen des Abflusses,
Rippen, aus denen der Erlöser entstanden sein muss.
von links her flossen in die Schächte
Bäche aus Regenwasser, das den Apfel nass
und endlich anziehend machte,
herbstlich saftig.
von rechts zogen die Lichter einer Taxikolonne
anzügliche Sprüche in den tief hängenden Nebel.
me in schw anz ist gr oß wie b ei ei nem po ny, telegrafierte einer;
ihr di na mo fans kom mt her und
fre sst ihn, sagte das Licht.
ein anderer, vom Ende der Kolonne, signalisierte
ir rtü mer si nd für lu schen, doch wir wussten,
dass er meinte *ihr könnt ihn lutschen*.
inmitten von all dem stand der Apfel, ganz blind.
und mich überkam Mitleid mit dem Tod, der in Schichten schläft,
der in unbezahlten Rechnungen hockt, der sich abmüht,
mit dem müden Tod, der es immer schafft, doch anzukommen.
aus dem Schacht erhob sich rein und nackt der Erlöser, er nahm den Apfel
und die Kälte seines Herzens ließ den Asphalt zu einer glänzenden Piste gefrieren,
über die er einsam läuft bis zum Tod.

ŠTO JE REKAO BUBREG

Ja sam to stvorio.
kako je vjetar stvorio strah, strah prvog boga,
njegova želja da ima bend i da ga nazove Wham!
onog sljedećeg, bogovi prazne i poslušne.
kako brana porodi jezero, jezero ranu,
rana najskuplju riječ.

a ja nisam imao loših namjera, nisam
zapravo znao što bih s tim porivom.
kao da se u sve uvukla manija stvaranja.
pošast me pokosila kao popodnevni san:
štedio sam gdje god sam mogao, vrtio ploče
otkidao si od usta kako bih stvorio ni iz čega,

riječ je trunula u tijesno znamenje.
svako je skupljanje strast. svaka strast priziva smrt.
svega sam na kraju bio svjestan, sve sam činio čiste savjesti:
čim sam ih čuo znao sam da ih moram zadržati.
tko može neka učini svoje. neka svatko obrađuje svoj vrt.
nikome ne dam moje kamenje.

WAS DIE NIERE GESAGT HAT

Ich habe das erschaffen.
so wie der Wind die Angst erschuf, die Angst den ersten Gott,
sein Wunsch, eine Band zu haben und sie Wham! zu nennen,
den nächsten Gott, die Götter die leeren und gehorsamen Wesen.
so wie der Staudamm den See erzeugte, der See die Wunde,
die Wunde das kostbarste Wort.

ich hatte keine schlechten Absichten, ich wusste
eigentlich nicht, was ich mit diesem Antrieb anstellen sollte.
als hätte sich in alles der Schöpfungswahn eingeschlichen.
die Seuche raffte mich dahin wie der Mittagsschlaf:
ich wirtschaftete, wie ich konnte, drehte Schallplatten um,
sparte mir vom Munde ab, um etwas aus nichts zu erschaffen,

das Wort verfaulte zu einem schmalen Sinnbild.
jede Kontraktion ist Leidenschaft. jede Leidenschaft ruft den Tod herbei.
ich war mir am Ende all dessen bewusst, ich tat all das mit reinem Gewissen:
sobald ich sie gehört hatte, wusste ich, dass ich sie beibehalten muss.
wer kann, soll seinen Beitrag leisten. jeder soll seinen eigenen Garten bestellen.
meine Steine überlasse ich niemandem.

VOLJA & PREDODŽBA

Za svaku pticu progutanu od plamena, svaku rudaču, ruku
šumu poleglu pod trbuh snijega predanu
zakonu zemlje, za svaku kičmu koja je most
meso čvrsto pred ličinkom svaku hrđavu
kvaku krvi; grad, golemo dizalo, grad, tabletu koja se topi,
za svaki stan, ured, svaki poštanski pretinac, tramvaj
mokar od znoja pekarica, viđen očima majke,
za ono pusto presvijetlo vrijeme
kad svisne posljednji after, i samo čista volja stoji
između svijeta svijeta i svijeta utvrđenoga sna –
za jednostavnu ljepotu
i protiv pravila.

WILLE & VORSTELLUNG

Für jeden von Flammen verschluckten Vogel, für jedes Erz, jede Hand,
für jeden Wald unter einem Bauch aus Schnee, dem Gesetz der Erde
unterworfen, für jeden Rücken, der eine Brücke ist,
für das sich den Larven widersetzende Fleisch, für die verrostete
Blutklinke; für die Stadt, den riesigen Aufzug, die Stadt, diese sich auflösende Tablette,
für jede Wohnung, jedes Büro, jeden Briefkasten, die Straßenbahn
feucht vom Schweiß der Bäckerinnen, gesehen durch die Augen der Mutter,
für jene unendliche helle Zeit,
wenn die letzte After-Party zu Ende geht und nur der reine Wille steht
zwischen der Welt der Welt und der Welt des gefestigten Traums –
für die einfache Schönheit
und gegen die Regeln.

PROMATRAJUĆI ŽENU KAKO PROMATRA ŽENU NA KOLNOM PRILAZU

Vozilo mora da je već blizu. okruglo džepno ogledalo
prelama zraku jarke prijepodnevne svjetlosti
i sve što žena u staklu vidi nalik je snu –
pristala mlada žena, komadić travnjaka, kofer s kotačićima
isječak neba kojim prelijeću čvorci.

u meni tinja bolest budućnosti
i vidim ženu na rubu, tužnu jer se nije odvažila otputovati,
mraz što se hvata za korov. taksi nikada nije stigao,
kofer služi kao priručni ormar; zrcalo je završilo kao zrcalo
čvorci kao čvorci kad ih zaskoči mačka.

zakopčan u svoju bolest, oslonjen o dasku prozora,
promatrajući ženu kako promatra ženu na kolnom prilazu
dodajem šećer u čaj i miješam dok ga posve ne nestane:
odakle odjednom ta sklonost vremenu, pitam, takav talent za smrt;
zar je već vrijeme, nismo li imali nekakve druge talente?

BEIM BEOBACHTEN EINER FRAU, DIE EINE FRAU AN DER AUFFAHRT BEOBACHTETE

Das Fahrzeug ist vermutlich schon nah. der runde Taschenspiegel
bricht den Strahl des gleißenden Vormittagslichts
und alles, was die Frau im Glas sieht, gleicht einem Traum –
eine hübsche junge Frau, ein Stückchen Rasen, ein Rollkoffer,
ein Ausschnitt des Himmels, durch den die Stare fliegen.

in mir glimmt eine zukünftige Krankheit
und ich sehe die Frau am Rand, traurig, da sie nicht gewagt hat zu verreisen,
den Frost, der sich auf das Unkraut legt. das Taxi ist nie gekommen,
der Koffer dient als Hilfsschrank; der Spiegel endete wie ein Spiegel,
die Stare wie Stare, wenn eine Katze sie überfällt.

eingesperrt in meine Krankheit, gelehnt an das Fensterbrett,
während ich die Frau beobachte, die eine Frau an der Auffahrt beobachtet,
gebe ich Zucker in den Tee und rühre, bis er sich vollständig auflöst:
woher diese plötzliche Zuneigung zur Zeit, frage ich, dieses Talent für den Tod;
ist es schon so weit, hatten wir nicht auch andere Talente gehabt?

TEROR

Cijeli svoj život liježem u tebe
kao mlada noć na grad
u plamenu.

TERROR

Mein ganzes Leben lang lege ich mich in dich
wie die junge Nacht auf eine Stadt
in Flammen.

VJETRENJAČAMA

Obrtale ste se kao kapital u drskoj ekonomiji centra
a zatim je kretanje splasnulo; vaši noževi zasjekoše
periferiju etera. tuga bijaše gola i opća,
zemlja se razlijevala podnožjem kao golemim gnijezdom.
nesanica je vladala snom. i obijeni su bili svi kiosci:
nalik pahuljama topole
letjele su poljima stranice tiska, riješene križaljke, obilježeni
i neobilježeni listići lota.
pritisak u vodovima bijaše sve teže i teže izdrživ.
jaseni i johe, u početku napeti, skakači s motkom,
mlohavili su nalik na nemoći pogođen ud. svirala je
Sade. udarali su porazi. Markiz de Sade sletio je u Sjedinjene
Američke Države ne bi li zvukom svog imena
unio strah u kosti demokratima, da bi se netko trznuo,
zbacivši fašiste. ipak ništa se nije desilo
jer bijaše tamno kao u crkvi: crkavale su pčele, krave i krijesnice.
već su se nad mesom počele rojiti muhe. kod kuće
umukoše rojalisti. ustaše sljedbenici Sacher
Masocha. naš problem ostaju napon, vjera i nacija.
a struje nema jer se ne vrte vjetrenjače,
jer se vjetar ušio u tijesan kaput, i ne izvrće džepove.
pa ipak ponekad, zatrpan patriotizmom i katolicizmom
kao izmetom, ponekad poželim da ti pošaljem poruku.
i molim vjetar da napoji bateriju što blijedi, molim da uskrsnu
telegrami i telefoni, pisma u koroti. da se izvrne kovčeg
sna. sanjam kako u kuhinji, u gaćama, podižem slušalicu
vođen željom da nazoveš, neopravdanom no živom. da čujem glas
koji kaže da ti je dobro, da me ne trebaš, da je svejedno.
sa štapnim mikserom pod miškom, ja, vitez tužnoga lika
pilim granu na kojoj sjedim: obavljam odavno započet posao zemlje.

DEN WINDMÜHLEN

Wie das Kapital habt ihr euch gedreht in der frechen Ökonomie des Zentrums
und dann flaute die Bewegung ab; eure Messer schnitten in die
Peripherie des Äthers. die Traurigkeit war nackt und allgemein,
das Land ergoss sich durch den Unterbau wie durch ein riesengroßes Nest.
Schlaflosigkeit beherrschte den Traum. und in alle Kioske wurde eingebrochen:
wie Pappelflocken schwebten die Seiten
der Druckerzeugnisse über die Felder, gelöste Kreuzworträtsel, ausgefüllte
und nicht ausgefüllte Lottoscheine.
der Druck in den Leitungen war immer schwerer auszuhalten.
die Eschen und die Erlen, anfänglich angespannt, die Stabhochspringer,
erschlafften wie ein von Ohnmacht betroffenes Glied. man hörte
Sade singen. die Niederlagen schlugen um sich. Marquis de Sade landete in den Vereinigten
Staaten von Amerika, um mit dem Klang seines Namens
den Demokraten die Angst in die Knochen zu jagen, es sollte irgendjemand erwachen
und die Faschisten absetzen. dennoch geschah nichts,
da es düster war wie in einer Kirche: die Bienen krepierten, die Kühe und die Glühwürmchen.
über dem Fleisch schwärmten bereits die Fliegen. zu Hause
verstummten die Royalisten. die Anhänger von Sacher-
Masoch erhoben sich. unser Problem bleiben Spannung, Glaube und Nation.
und es gibt keinen Strom, da sich die Windmühlen nicht drehen,
da der Wind sich in einen engen Mantel eingenäht hat und seine Taschen nicht umstülpt.
bisweilen jedoch wünsche ich mir, so zugeschüttet mit Patriotismus und mit Katholizismus
wie mit Kot, dir eine Botschaft zu senden.
und ich bitte den Wind, die verblassende Batterie aufzuladen, ich bitte darum, die Telegramme
und die Telefone mögen auferstehen, Briefe in Trauerkleidung. die Traumkiste möge
umkippen. ich träume, wie ich in der Küche stehe, nur in Unterhose, wie ich den Hörer
anhebe, geleitet von dem unberechtigten, aber lebendigen Wunsch, dass du mich anrufst. damit
ich die Stimme höre, die sagt, dir gehe es gut, du bräuchtest mich nicht, es sei egal.
mit dem Stabmixer unter dem Arm säge ich, der Ritter von der traurigen Gestalt,
den Ast ab, auf dem ich sitze: ich vollende die längst begonnene Arbeit des Landes.

FRAGMENTI LJUBAVNOG DISKURSA

Vjernog psa imam
psa u najboljim godinama

ti s novim ljubavnikom živiš kod tepih centra
četvrtkom kad sve se smrkava izlazite u šetnju

dobri ovčaru prošlo je vrijeme novina
tvoje su rovke i krtice, lopte su dobile na težini

samo ti me razumiješ mrcino, sjene silaze
lišće trune u krošnjama, vjetar pritišće čela, trči

idi voli se s njegovim grlom
vrati se s vrućim mošnjama.

FRAGMENTE EINES LIEBESDISKURSES

Einen treuen Hund habe ich
einen Hund im besten Alter

du lebst mit deinem neuen Liebhaber beim Teppichzentrum
donnerstags, wenn es dämmert, beginnt ihr euren Spaziergang

guter Schäferhund, die Zeit der Zeitungen ist vorbei
dir gehören Spitzmäuse und Maulwürfe, die Bälle haben an Gewicht gewonnen

nur du verstehst mich, du altes Schindluder, die Schatten steigen herab
die Blätter faulen in den Baumkronen, der Wind drückt auf die Stirnen, renn

geh, lieb dich mit seiner Kehle,
kehr mit heißen Hodensäcken zurück.

SA SVIH STRANA

U štagljevima i mekim kućama
s ribljom kosti u srcu
čekamo udicu.

sa svih strana udara dan, kao batina.

istinu govoreći ja ipak čekam
sedam da pekari iznesu roščiće,
kutijice u koje legnu ugrušci noći
sa svojim snom o nedovršivoj ljubavi
dok se svjetlost kroz zube, kao kundak,
gnijezdi u kancelariji grla.

zahvaćajući jezik, tumarajući tom pećinom
zraku po zraku ona prošiva užaren zrak
taleći čvrsto olovo plombi –
ugriz po ugriz kost se sljubljuje s drugom kosti
čineći lubanju zatvorenom i mudrom.

odsad govore oči, koje bi htjele gorjeti:

čitav svoj život, s naftnim poljem u srcu,
čekamo šibicu.

VON ALLEN SEITEN

In Scheunen und weichen Häusern,
mit einer Fischgräte im Herzen,
warten wir auf den Angelhaken.

von allen Seiten schlägt der Tag, wie ein Knüppel.

um die Wahrheit zu sagen, ich warte doch,
dass es sieben wird und die Bäcker die Hörnchen bringen,
die Schächtelchen, in die sich Nachtklumpen legen
mit ihrem Traum von nicht endender Liebe,
während sich durch die Zähne das Licht
wie ein Gewehrkolben im Büroraum des Halses einnistet.

indem es die Zunge umfasst, während es durch diese Höhle irrt,
Strahl für Strahl sticht es die glühende Luft
und bringt das feste Blei der Plomben zum Schmelzen –
Biss für Biss vereinigt sich ein Knochen mit dem anderen
und macht den Schädel geschlossen und weise.
ab jetzt sprechen die Augen, die brennen wollen:

unser ganzes Leben lang warten wir mit einem Erdölfeld im Herzen
auf ein Streichholz.

BIJELA LAŽ

Nauči jezike koje ne znam, govori mi
stvari koje ne želim čuti.
budi veza sa svijetom dosadnih istina, na primjer
toga da je nedjelja nedjelja, Hrvatska Hrvatska
penzija ono što nas održava živim.

istovremeno budi čvrsta istočna granica,
četvrt zabranjena raznosačima pizze.
budi pečat u koži pasoša, otpusno pismo, također
ona koja ne igra tombolu, koja podiže živice
kako bi život ostao život, a tajna tajnom.

nauči jezike koje ne znam, govori mi.
pobjegni s mačkom u knjižnicu, popij previše kave,
usvoji obične riječi. reci mi ništa na francuskom,
smrt mi kaži na poljskom: govori i ništa neće biti kako je bilo
još jednom sve će biti drugačije.

DIE WEISSE LÜGE

Lern die Sprachen, die ich nicht kenne, sag mir
Dinge, die ich nicht hören möchte.
sei die Verbindung zur Welt der langweiligen Wahrheiten, zum Beispiel
dass Sonntag Sonntag ist, Kroatien Kroatien,
die Rente das, was uns am Leben erhält.

gleichzeitig sei die feste Ostgrenze,
die Verbotszone für Pizzalieferanten.
sei der Stempel im Leder des Reisepasses, das Entlassungsschreiben, auch die,
die nicht Tombola spielt, die nervt, damit
das Leben Leben bleibt und ein Geheimnis ein Geheimnis.

lerne die Sprachen, die ich nicht kenne, sage mir.
fliehe zusammen mit der Katze in die Bibliothek, trinke zu viel Kaffee,
verinnerliche gewöhnliche Vokabeln. sage mir nichts auf Französisch,
den Tod sage mir auf Polnisch: rede und nichts wird so, wie es war,
noch einmal wird alles anders sein.

IZ PRIRUČNIKA O STOČARSTVU I SPORTU

Kada se na paši sruši
krava pijana od trulih krušaka
protegne se iz njenog buraga pohara
kao predugo sputan jezik,
posegne za krajolikom i prevede
pustoš u jednu slijepu kroniku.

kada se nogomet igra
odsječenom glavom čovjeka
u usta se ugura čarapa
tako da zubi ne žvaču zrak
pljuvačka ne moči travu
i jezik ne laprda o pravdi.

AUS DEM HANDBUCH ZU VIEHZUCHT UND SPORT

Wenn auf der Weide eine Kuh umkippt,
betrunken von verfaulten Birnen,
tritt aus ihrem Pansen Verwüstung
wie eine lange gehemmte Zunge,
sie greift nach der Landschaft und übersetzt
die Ödnis in eine blinde Chronik.

wenn man Fußball mit einem abgetrennten
menschlichen Kopf spielt,
stopft man ihm eine Socke in den Mund,
damit die Zähne die Luft nicht kauen,
die Spucke den Rasen nicht nass macht
und die Zunge nicht von Gerechtigkeit schwafelt.

MEĆAVA

Davao sam sve od sebe ne bih li rekao
nešto zaista *čvrsto*,
ne bih li se izložio.
bio je ljepljiv kraj kolovoza,
kad se izdaja iz dana u dan
sve jače osjeća u boji voća,
listići čaja taložili su se na površini
zbrajajući se u jednu preranu jesen.
pod korom jutra pucketala je
konfekcijska ljetna oluja.
vrućina je zasjela u sobu, kao mesarska kći,
prozorska stakla su drhtala.
i mi, koji robujemo smjeni sezona
predajući se zimskim mješavinama trava,
ljuti na poeziju i njene prohtjeve,
mi smo jednako tako drhtali.
vani je vjetar ispovijedao
poriv da strese lješnjake, ospe
još uvijek zelena zrna šipka;
ja sam ležao pretjerano odjeven,
obliven znojem, stišćući šalicu
u kojoj je mećava neumoljivo išla svom kraju.
poput listića čaja u loncu trudio sam se
nataložiti u tijelu pjesme
u ruci držeći toplo srce.
trudio sam se ali netko je pozvao mačke u kuću
i mrak je postao stalni stanar,
voće je steklo iskustvo zrelosti.

DAS SCHNEEGESTÖBER

Ich habe alles gegeben, um etwas wirklich
Festes zu sagen,
um mich bloßzustellen.
es war das klebrige Ende vom August,
wenn von Tag zu Tag der Verrat
immer stärker in den Obstfarben spürbar wird,
die Teeblättchen lagerten sich an der Oberfläche ab
und addierten sich zu einem verfrühten Herbst.
unter der Kruste des Morgens knisterte
ein Sommersturm von der Stange.
die Hitze hockte im Zimmer, wie die Metzgerstochter,
die Fensterscheiben zitterten.
auch wir, die wir dem Wechsel der Saisonen frönen
und uns winterlichen Kräutermischungen hingeben,
verärgert über die Poesie und ihre Anwandlungen,
wir zitterten ebenso.
draußen beichtete der Wind seinen
Drang, die Haselnüsse abzuschütteln, die grünen
Granatapfelkerne zu zerstreuen,
ich lag übertrieben bekleidet,
schweißgebadet, und umklammerte die Tasse,
in der sich das Schneegestöber unerbittlich seinem Ende zuneigte.
wie die Teeblättchen im Kessel bemühte ich mich,
mich im Körper des Gedichts abzulagern,
und hielt dabei das warme Herz in der Hand.
ich bemühte mich, aber jemand rief Katzen ins Haus
und das Dunkel wurde zu einem ständigen Bewohner,
das Obst wurde reif und erfahren.

JOHN CARPENTER, UPRAVO PROBUĐEN, POSTAVLJA SEBI PITANJA NAKON ŠTO GA U SNU POHODE ČLANOVI HRVATSKOG NACIONALNOG ETIČKOG SUDIŠTA

Na što liči noć: na trulu kupinu, posljednju toplu kap.
na što liči kiosk u noći: na lubanju u koju je netko nagurao
novine, i zatim ih iznutra užgao.
na što liče oči: na dva grčka novčića.
na što liče pokretne stepenice: na poskoka sačinjenog od domina
čijom se kičmom lubanja poskakujući kotrlja.
na što liči grad: na konobara koji neprekidno toči.
na što liči srce: na srce svinjino, šaku što zada posljednji kroše.
na što liči glas: na jedro u koje nitko ne puše.
na što liči prst: na trn u zimi, privremen poraz zelenog.
na što liči zemlja u koju prst upire: na tupu sjekiru.
na što liči svinja pod sjekirom: na rođenje pečenja.
na što liči čovjek koji pečenje jede: na ministra unutarnjih
i ministra vanjskih poslova, i na sve ostale ministre.
na što liči vatromet: na laž o vječnom životu.
taj život: beskrajni koncert Bečkih dječaka.
na što liči crkva: na pečenje prerušeno u kašicu.
na što liči sunce: na žeton koji pokreće veliki fliper.
na što liči zemlja: na zrno graška zaboravljeno u džepu hlača,
sto puta oprano.
njezini stanovnici: mungosi koji šapuću *Glorija*.
na što podsjeća smrt: na vreću kupina, stoljeće muha,
početak građanske drame –
na što noću noći
liči noć?

JOHN CARPENTER, SOEBEN AUFGEWACHT, STELLT SICH SELBST FRAGEN, NACHDEM IHN IM TRAUM DIE MITGLIEDER DES NATIONALEN KROATISCHEN ETHIKGERICHTSHOFES AUFGESUCHT HABEN

Wem ähnelt die Nacht: der faulen Brombeere, dem letzten warmen Tropfen.
wem ähnelt der Kiosk in der Nacht: einem Schädel, den jemand mit
Zeitungen vollgestopft und dann von innen angezündet hat.
wem ähneln die Augen: zwei griechischen Münzen.
wem ähnelt die Rolltreppe: einer Hornviper aus Dominosteinen,
deren Rücken die Schädel hinabrollt und dabei hüpft.
wem ähnelt die Stadt: dem Kellner, der unablässig einschenkt.
wem ähnelt das Herz: dem Herz des Schweins, der Faust, die einen letzten Haken austeilt.
wem ähnelt die Stimme: dem Segel, in das niemand bläst.
wem ähnelt der Finger: dem Dorn im Winter, der vorläufigen Niederlage des Grüns.
wem ähnelt das Land, auf das der Finger zeigt: der stumpfen Axt.
wem ähnelt das Schwein unter der Axt: der Geburt des Bratens.
wem ähnelt der Mensch, der den Braten verspeist: dem Minister des Inneren
und dem Außenminister, und allen anderen Ministern.
wem ähnelt das Feuerwerk: der Lüge vom ewigen Leben.
dieses Leben: das unendliche Konzert der Wiener Sängerknaben.
wem ähnelt die Kirche: dem Braten, der sich als Brei tarnt.
wem ähnelt die Sonne: einem Chip, der einen großen Flipper bewegt.
wem ähnelt das Land: einer Erbse, die in der Hosentasche vergessen wurde,
die man hundertmal gewaschen hat.
seine Bewohner: den Mungos, die *Gloria* flüstern.
wem ähnelt der Tod: einem Sack voller Brombeeren, dem Jahrhundert der Fliegen,
dem Beginn des bürgerlichen Dramas –
wem ähnelt nachts die Nacht, was meint
dazu die Nacht?

NEKAD SE SRETNU SVJETOVI

Nekad se sretnu svjetovi.

stopalo pronađe papuču,
koža se naježi,
ključ klizne u bravu.

bijela zvijer ljubavi posrne
pred snom koji nas dijeli od mrtvih.

ponekad sunce zaposjedne
tvoje oči nalik na mrenu
i svjetlost prejaka, slična
onoj iz priča koje treba zaboraviti
sruči ti u grlo omču jezika
u koju namamiš golubove.

ponekad se raskopčaš,
sasvim i suviše rijetko,
otvoriš se i pogledaš u sebe.
iznutra iskoči mačak,
odavno pokojni predsjednik općine
i bog postane prljav i nepogrešiv.

nekad se probudiš noću.
tumaraš predsobljem obasjan besmrtnim
programom TV prodaje,
zapneš o stolić i bol ti sune uz kičmu;
tako naučiš razliku
teorema i sveopće prakse susreta.

MANCHMAL BEGEGNEN SICH WELTEN

Manchmal begegnen sich Welten.

der Fuß findet den Pantoffel,
die Haut bekommt Gänsehaut,
der Schlüssel schlüpft ins Schloss.

der Traum, der uns von den Toten trennt,
lässt das weiße Biest der Liebe stolpern.

bisweilen besetzt die Sonne
deine Augen gleich einem grauen Star,
und allzu starkes Licht, vergleichbar
dem aus jenen Geschichten, die man vergessen soll,
kippt die Zunge in deinen Hals
wie eine Schlinge, in die du Tauben lockst.

bisweilen knöpfst du dich auf,
vollständig und allzu selten,
du öffnest dich und schaust in dich hinein.
von innen springt der Kater heraus,
der längst gestorbene Gemeindevorsteher
und Gott wird schmutzig und unfehlbar.

manchmal erwachst du in der Nacht.
du irrst durch die Diele, beleuchtet vom unsterblichen
Verkaufsprogramm im Fernsehen,
du stolperst über das Tischchen und der Schmerz schießt in deinen Rücken;
auf diese Art lernst du den Unterschied
zwischen einem Theorem und der allgemeinen Begegnungspraxis.

nekad se, svejedno, sretnu svjetovi.
netko opsuje, netko se zagrcne, netko izvuče čep.
nešto zasvijetli,

i sve se desi.

manchmal begegnen sich dennoch die Welten.
jemand schimpft, jemand verschluckt sich, jemand zieht den Stöpsel heraus.
etwas leuchtet auf,

und alles ereignet sich.

ŠTO JE REKLA PROZORSKA KVAKA

Brate kolibri!
prvo je stigao prosinac vukući ždrijepca zime
a zatim siječanj pljusnuo po nama
zasjevši za šiju svijeta na način biča,
kako taj legne na leđa bijelog konja.

rođeni pod zvijezdom juga,
veljaču smo ispratili kao umornu kobilu
isporučivši je u mesnicu ožujka,
božjeg kobasičara.

brate kolbri!
cijelo to vrijeme bio si sa mnom, kao i moja smrt,
stiješnjen između stakla i zavjese.
bio si bat i udarac, brujanje dalekovoda,
badem posljednjeg ljeta.

za dobri petak, sujetu subote, nedjelju, sestru sladoleda
bio si običan noćni leptir: u mojoj krvi teklo je kamenje,
za mene bio si brat.

WAS DIE FENSTERKLINKE GESAGT HAT

Bruder Kolibri!
zuerst kam der Dezember, der das Fohlen des Winters hinter sich herzog,
und dann schwappte der Januar über uns,
schwang sich auf den Nacken der Welt, ganz wie eine Peitsche,
wenn sie sich auf den Rücken eines weißen Pferdes legt.

unter dem Stern des Südens geboren
verabschiedeten wir den Februar wie eine müde Stute
und lieferten sie an den März, diese Metzgerei
des Wurstmachergottes.

Bruder Kolibri!
du warst diese ganze Zeit bei mir, wie auch mein Tod,
eingezwängt zwischen Glasscheibe und Gardine.
du warst der Klöppel und der Schlag, das Surren der Überlandleitung,
die Mandel des letzten Sommers.

für den guten Freitag, für den eitlen Samstag, für den Sonntag, den Cousin der Eiscreme
warst du ein gewöhnlicher Nachtfalter: in meinem Blut flossen Steine,
für mich warst du ein Bruder.

IZ TRAKTATA O UČINKU KIŠA

S ranom jeseni u ranu svijeta uranja urar:
škare kazaljki presijeku vrpcu i
njegovo nebo se otvori

AUS DEM TRAKTAT ÜBER DIE AUSWIRKUNGEN DER REGENFÄLLE

Mit dem frühen Herbst sinkt der Uhrmacher in die Wunde der Welt:
die Schere der Zeiger zerschneidet das Band und
sein Himmel öffnet sich

KODA

Razvijaju se godine kao zastave, vrijeme
u vjetar umotano.

vlaga pod kožu prodire,
poslovi truleži polako postaju javni.
jesen je izbila kao kamen:
šipci pod pritiskom pljuju
zube iz svojih slatkih lubanja.

tko peče rakiju ulazi u savez s voćem,
savez koji se s noći obnavlja.

noću kad tama kroz krave prolazi
grušajući se s mlijekom u punim kantama,
kad se po selima spuštaju brklje
ništeći put do opoziva,
a zemlja zatrta nebom miruje: nigdje i ništa.

nema vremena.

CODA

Die Jahre entfalten sich wie Fahnen, die Zeit
in den Wind gewickelt.

die Feuchtigkeit dringt unter die Haut,
die Geschäfte der Fäulnis werden allmählich öffentlich.
der Herbst bricht aus wie ein Stein:
die Granatäpfel spucken unter Druck
die Zähne aus ihren süßen Schädeln hervor.

wer Schnaps brennt, geht einen Bund mit dem Obst ein,
einen Bund, den die Nacht erneuert.

nachts, wenn die Dunkelheit durch die Kühe zieht
und dabei in den vollen Milchkannen gerinnt,
wenn in den Dörfern die Schlagbäume fallen
und den Weg bis zum Widerruf versperren,
ruht das Land, vom Himmel getilgt: nirgends und nichts.

es gibt keine Zeit.

KAZALO INHALT

Die Übersetzerin bedankt sich beim Freundeskreis zur Förderung literarischer und wissenschaftlicher Übersetzungen e.V. für das Perewest-Stipendium.

Deutsche Erstausgabe

Die Originalausgabe erschien unter dem Titel *Zemlija Zemlija* im Verlag Faktura, Zagreb 2017.

Gesetzt aus der Eureka
Umschlag: Leif Ruffmann, unter Verwendung einer Handschrift des Autors
Gesamtherstellung: Interpress, Budapest

Die Handschrift auf Seite 3 ist ein Autograph des auf Seite 42 abgedruckten Gedichts.

Die Herausgabe dieses Werks wurde gefördert durch das literarische Netzwerk traduki, ein Projekt des Bundesministeriums für europäische und internationale Angelegenheiten der Republik Österreich, des Auswärtigen Amts der Bundesrepublik Deutschland, der Schweizer Kulturstiftung Pro Helvetia, der Interessengemeinschaft Übersetzerinnen Übersetzer (Literaturhaus Wien) im Auftrag des Bundesministeriums für Kunst, Kultur, öffentlichen Dienst und Sport der Republik Österreich, des Goethe-Instituts, der S. Fischer Stiftung, der Slowenischen Buchagentur, des Ministeriums für Kultur und Medien der Republik Kroatien, des Ministeriums für Gesellschaft und Kultur von Liechtenstein, der Kulturstiftung Liechtenstein, des Ministeriums für Kultur der Republik Albanien, des Ministeriums für Kultur und Information der Republik Serbien, des Ministeriums für Kultur Rumäniens, des Ministeriums für Bildung, Wissenschaft, Kultur und Sport von Montenegro, der Leipziger Buchmesse, des Ministeriums für Kultur der Republik Nordmazedonien und des Ministeriums für Kultur der Republik Bulgarien.

www.korrespondenzen.at

ISBN 978-3-902951-70-0